Gedichte zur Weihnachtszeit

Für Gemeinde, Familie, Schule

Herausgegeben von
Wilhelm Horkel

Verlag Ernst Kaufmann

CIP-Titelaufnahme der Deutschen Bibliothek

Gedichte zur Weihnachtszeit: für Gemeinde, Familie, Schule /
hrsg. von Wilhelm Horkel. − Lahr: Kaufmann, 1990
   ISBN 3-7806-2248-3

1. Auflage 1990
© 1990 Verlag Ernst Kaufmann, Lahr
Alle Rechte vorbehalten
Umschlaggestaltung und Illustrationen: Muki Jacob
Hergestellt bei Kösel GmbH & Co., Kempten
ISBN 3-7806-2248-3

Inhalt

Einleitung 5

Die kleinen Feste

Martin, Martin, guter Mann
Zum Martinstag. 10

Stell' Zweige in die Zimmer
Zum Barbaratag. 14

Dich rufen wir, Sankt Nikolaus
Zum Nikolaustag 17

Wir kommen geführt von Gottes Hand
Zum Dreikönigstag. 27

Advent und Weihnachten

Denkt euch, ich habe das Christkind gesehn
Gedichte für Kinder. 46

Mir ist das Herz so froh erschrocken
Weihnachtsstimmung, Vorfreude. 65

Die frohe Botschaft ist gesagt
Erfüllung, Anbetung 75

Du bist es, der uns hält
Trost, Hoffnung. 84

Gedenken wir auch an dein Leid
Krippe und Kreuz. 96

Wißt ihr noch, wie es geschehen?
Die Weihnachtsgeschichte — der Bibel nacherzählt 106

In ähnlichen Tagen machten sich auf
Die Weihnachtsgeschichte — für unsere Zeit erzählt 120

Abgeschoben auf Heu und Stroh
Kritische Gedanken zum Fest 141

Zum Jahreswechsel

So nimm nun Abschied, greises Jahr
Rückblick und Ausklang 157

Der du die Zeit in Händen hast
Ins neue Jahr 167

Alphabetisches Verzeichnis der Verfasser 175

Alphabetisches Verzeichnis der Gedichtanfänge
und Überschriften. 181

Quellenverzeichnis 188

Einleitung

Zur Advents- und Weihnachtszeit gehört neben der besinnlichen Geschichte, dem Krippenspiel und Lied auch das Gedicht. Innerhalb unserer weihnachtlichen Tradition hat es immer schon einen festen Platz innegehabt, denn wie keine andere verfügt die deutsche Dichtung über einen großen Reichtum an Weihnachtsgedichten. Die schönsten davon sind in viele andere Sprachen übertragen worden. Eine große Anzahl wurde vertont und ist eingegangen in das Liedgut, das von Generation zu Generation weitergegeben wird.

Es lag also nahe, einmal diesen Schatz an weihnachtlicher Dichtkunst zu heben und zu sichten und das Beste aus Vergangenheit und Gegenwart auszuwählen. Allerdings stand von vornherein fest, daß diese Auswahl nicht allein nach literarischen Gesichtspunkten getroffen werden sollte. Nicht zuerst die Ästheten, die Liebhaber des Schöngeistigen sollten zu ihrem Recht kommen, sondern vor allem diejenigen, die Jahr für Jahr die Advents- und Weihnachtszeit in Feier und Gottesdienst ausgestalten und dazu passende Gedichte suchen. Die vorliegende Sammlung versteht sich also in erster Linie als Materialbuch, so prosaisch das im Zusammenhang mit Lyrik auch klingen mag.

Für die Auswahl bedeutete dies, daß neben der literarischen Qualität immer auch die mögliche Einsetzbarkeit des jeweiligen Gedichtes mitbedacht wurde. In welcher Situation könnte es wie, von wem, für wen gebraucht werden? Die Frage nach den Gelegenheiten also. Aus dieser Konzeption ergab sich die Notwendigkeit, auch Gedichte für Kinder mit einzubeziehen und die Sammlung über Advent und Weihnachten hinaus um die sogenannten „kleinen Feste" zu erweitern: Sankt Martin, Sankt Barbara, Sankt Nikolaus und Dreikönigstag — alles Anlässe, bei denen das Gedicht eine Rolle spielen könnte. Darüber hinaus enthält das Buch in einem dritten Teil Gedichte zum Jahreswechsel.

Der sehr große Vorrat an weihnachtlicher Dichtkunst machte zur besseren Übersichtlichkeit eine inhaltliche Gliederung notwendig. Dabei ergab sich gelegentlich eine Überschneidung der religiösen Motive wie Erwartung (Advent), Erfüllung (Heilige Nacht), Anbetung, Trost und Hoffnung. Eine streng gefügte gedankliche Trennung war daher nicht immer möglich.

Trotzdem hoffen wir, daß durch die Zusammenfassung nach inhaltlichen Schwerpunkten das Auffinden einzelner Gedichte erleichtert wird. Innerhalb der Kapitel sind die Gedichte nach der Zeit ihrer Entstehung geordnet, d. h. die älteren Gedichte stehen jeweils am Anfang, die neueren am Schluß des Kapitels. Im Anhang findet sich neben dem alphabetischen Verzeichnis der Liederüberschriften und Liedanfänge auch ein Verzeichnis der Verfasser und Verfasserinnen mit ihren Lebensdaten, aus denen sich im Zweifelsfall die Entstehungszeit eines Gedichtes erschließen läßt. Die zeitliche Spanne reicht von Walther von der Vogelweide (13. Jahrhundert) bis zu Kurt Marti und Christa Reinig, um nur zwei bekannte Namen aus unserer Zeit zu nennen.

Bewußt wurde auf Anmerkungen und Erklärungen verzichtet. Die Gedichte sprechen aus sich selbst. Sicher wird nicht jeder zu jedem Gedicht Zugang finden, aber das Buch bietet zu allen thematischen Bereichen, zu allen Anlässen genügend Alternativen.

Die Sammlung erhebt keinen Anspruch auf Vollständigkeit. Das Angebot ist aber so breit gehalten, daß die Leser und Leserinnen einen Eindruck von der reichen Vielfalt der weihnachtlichen Dichtkunst bekommen. Das Buch will Lust machen, sich dieses Reichtums zu bedienen. Deswegen ist das Alte, Vertraute ebenso darin enthalten wie das Neue, Unbekannte, ja Ungewohnte; die kindlich-gläubige Nachdichtung des Weihnachtsgeschehens ebenso wie das kritische Gedicht aus unserer Zeit. Manches Gedicht wurde aufgenommen um einer Strophe, ja um einer Verszeile willen, die uns in den Ohren klingt, die der eine oder andere nicht mehr „zusammenbringt" und darum gerne einmal wieder im Zusammenhang nachlesen möchte, um danach zu entscheiden, ob das Gedicht heute noch „trägt".

Wer empfänglich ist für die Tiefe und Schönheit der Sprache, die im Gedicht ihre höchste Vollendung erreicht, wird bedauern, daß in unserer lauten Zeit die leisen Töne des Gedichts so leicht überhört werden. Nützen wir also die Weihnachtszeit, in der auch Menschen, die sonst wenig Zugang zu Gedichten haben, sich ihrem Zauber öffnen! Die vorliegende Sammlung möchte dazu beitragen, daß das Gedicht weiterlebt in unseren Gemeinden und Familien, in den Köpfen und Herzen unserer Kinder.

Die kleinen Feste

Im Vorfeld unserer Sammlung bewegen sich die Gedichte, die dem in weiten Volkskreisen immer noch lebendig gebliebenen Andenken an den Heiligen Martin, die Heilige Barbara, den Heiligen Nikolaus und die Heiligen Drei Könige gewidmet sind.

Der *Heilige Martin* von Tours lebte im 4. Jahrhundert und war der Sohn eines heidnischen Offiziers. Als 18jähriger wurde er getauft. Die Schenkung eines halben Mantels an einen Bettler zur Weihnachtszeit ist immer wieder dichterisch bearbeitet worden. Martin lebte lange Zeit als Einsiedler auf einer Insel bei Genua, später in einer Zelle bei Poitiers. Im Jahre 375 wurde er wider seinen Willen zum Bischof von Tours erhoben, ohne seine asketische Lebensweise aufzugeben. Er wirkte besonders in Gallien, wo er viele Klöster gründete.

In den letzten Jahren ist in Kindergärten und Grundschulen der alte Brauch des Martinsumzugs neu belebt worden, bei dem das Geschehen um die Teilung des Mantels nachgespielt wird.

Die *Heilige Barbara* ist eine legendäre Figur, nachweisbar seit dem 10. Jahrhundert. Vermutlich war sie die Tochter eines reichen syrischen Heiden, der sie ängstlich in einem Turm verborgen hielt. Trotzdem fand sie Zugang zum christlichen Glauben, wurde aber auf Befehl ihres Vaters dem Märtyrertod überliefert; den Vater erschlug ein Blitzstrahl am Richtplatz. Barbara ist noch heute eine populäre Gestalt inmitten der „14 NOTHELFER": Sie ist in diesem Kreis die Schutzpatronin der Bergleute und der Gefangenen. Ihr Gedenktag ist der 4. Dezember.

In unserer Zeit ist ihr Andenken vor allem mit dem Brauch verbunden, am 4. Dezember Kirschenzweige abzuschneiden. Im warmen Zimmer in Wasser gestellt blühen sie an Weihnachten.

Der *Heilige Nikolaus* ist eine geschichtlich nicht mehr erfaßbare Persönlichkeit. Es bleibt lediglich wahrscheinlich, daß es zum Beginn des 4. Jahrhunderts in Myra (Kleinasien) einen Bischof dieses Namens gegeben hat. Sein Leben aber liegt im Dunkeln. Seine Figur wurde zu einem der beliebtesten Heiligen der griechischen Kirche. Üppige Legenden umranken seine Gestalt. An seinem Grab in Myra, das bald Wallfahrtsort wurde, sollen Heilungswunder geschehen sein. Sein Festtag wurde im 9. Jahrhun-

Die kleinen Feste

dert auf den 6. Dezember festgelegt. Im 10. Jahrhundert drang seine Verehrung auch ins Abendland vor. Weil der Heilige Nikolaus nach einer Legende ein Schiff aus schwerer Seenot gerettet hatte, wurde er zum Nothelfer und Schutzheiligen der Seeleute erhoben. Im deutschen Kirchenbereich wird er der Schutzpatron der Kinder. Seine Gestalt vermischt sich in der deutschen Tradition mit der des Knecht Ruprecht oder des Pelzmärtels.

In den zahlreich überlieferten Nikolausgedichten sind beide Aspekte vertreten: Nikolaus, der beschworen wird als der Heilige und Helfer, und der säkularisierte Nikolaus als Weihnachtsmann oder Knecht Ruprecht, der am Abend des 6. Dezember die Kinder beschenkt.

Das *Epiphaniasfest* am 6. Januar gehört zu den ältesten Überlieferungen christlicher Feiertage. Es wurde als „*Fest des Herrn*" ebenso wie als „*Fest des Sterns*" gedeutet; gemeint ist immer die „Erscheinung" Christi. Uralt ist die Ausgestaltung dieses Festtages als Fest der *Heiligen Drei Könige*, das – ausgehend von Ägypten – etwa seit 325 nachweisbar ist. Die Legende hat aus den im Matthäus-Evangelium erwähnten „Weisen aus dem Morgenland", die dem Stern nachziehen, drei Könige gemacht und ihnen Namen gegeben: Caspar, Melchior, Balthasar.

In vielen Gegenden Deutschlands ziehen am 6. Januar Kinder als Könige verkleidet singend von Haus zu Haus und sammeln Gaben für besondere Projekte in der Dritten Welt. Den Gebern schreiben sie über die Haustür die drei Buchstaben C + M + B, eingerahmt von der Jahreszahl. Die Buchstaben gehen zurück auf das lateinische „Christus mansionem benedicat" (Christus segne dieses Haus).

Nach dem Stern, den die drei „Könige" vor sich hertragen, werden die umherziehenden Kinder auch *Sternsinger* genannt.

Martin, Martin, guter Mann

Zum Martinstag

1 Martinslegende

Sankt Martin ritt durch Schnee und Wind;
sein Roß, das trug ihn fort geschwind.
Sankt Martin ritt mit leichtem Mut;
sein Mantel deckt ihn warm und gut.

Im Schnee, da saß ein alter Mann,
hatt' Kleider nicht, nur Lumpen an:
„O helft mir doch in meiner Not,
sonst ist der harte Frost mein Tod!"

Sankt Martin zieht die Zügel an.
Das Roß steht still beim alten Mann.
Sankt Martin mit dem Schwerte teilt
den warmen Mantel unverweilt.

Sankt Martin gibt den halben still;
der Bettler rasch ihm danken will.
Sankt Martin aber ritt in Eil'
hinweg mit seinem Mantelteil.

Unbekannt

Zum Martinstag

2 Ein Bettler saß im kalten Schnee

Ein Bettler saß im kalten Schnee,
dem tat das alte Herz so weh.
Sankt Martin, der vorüberritt,
gab ihm den halben Mantel mit.

Da dankte still der arme Mann
und sah ihn voller Freude an.
Sankt Martin zog des Weges fort,
und bald erfuhr er Gottes Wort.

Geschrieben steht: „Seid allen gut,
denn was ihr dem Geringsten tut,
das habt ihr mir, dem Herrn, geschenkt!"
Wohl dem, der wie Sankt Martin denkt!

Jakob Holl

3 Der heilige Martin

Der heilige Martin, wie ihr wißt,
ertrug nicht fremde Not.
Er sah im Schnee ein' armen Mann,
und er bot seinen halben Mantel ihm an,
da frorn sie alle beide zu Tod.
Der Mann sah nicht auf irdischen Lohn!
Und seht, da war es noch nicht Nacht,
da sah die Welt die Folgen schon:
Selbstlosigkeit hatt' ihn so weit gebracht!
Beneidenswert, wer frei davon!

Bert Brecht

4 Sankt Martins-Lied

Martin, Martin, guter Mann,
reite unserm Zug voran.
Alle Kinder ziehen mit
und so laut klingt unser Lied,
daß uns jeder hören kann:
Martin, Martin, guter Mann.

Martin, Martin, guter Mann,
reite unserm Zug voran!
In die dunkle Nacht hinein
leuchtet der Laternenschein,
daß uns jeder sehen kann,
Martin, Martin, guter Mann.

Martin, Martin, guter Mann,
reite unserm Zug voran!
Hilf, daß der, der reich und satt,
mit dem teilt, der gar nichts hat,
so wie du es einst getan,
Martin, Martin, guter Mann.

Rolf Krenzer

Zum Martinstag

5 Ritter Martin

Es war im tiefen Winter,
die Winde bliesen kalt,
da ritt dahin ein Ritter,
erst fünfzehn Jahre alt.

Die Winterstürme treiben
im Land ein böses Spiel.
Der Ritter Martin reitet,
ihn kümmern sie nicht viel.

Ein schöner weiter Mantel
umhüllt ihn weich und warm.
Da steht am Weg ein Bettler
und friert, daß Gott erbarm.

Es wär vorbeigeritten
gar mancher andre Mann,
doch Martin zog am Zügel,
sein treues Pferd hielt an.

Der junge Ritter Martin
auf seinem hohen Pferd
sieht auf den Bettler nieder.
Er zieht sein gutes Schwert.

Das für den Kampf geschärfte
tut einen guten Schnitt.
Mit seinem Schwert teilt Martin
den Mantel in der Mitt'.

Die Hälfte seines Mantels
gab Ritter Martin gern
dem, der vor Kälte bebte. –
Er gab sie Gott, dem Herrn.

Josef Guggenmos

Stell' Zweige in die Zimmer

Zum Barbaratag

6 Am Barbaratage

>   Am Barbaratage holt ich
> drei Zweiglein vom Kirschenbaum,
> die setzt' ich in eine Schale;
> drei Wünsche sprach ich im Traum:
>
> der erste, daß einer mich werbe,
> der zweite, daß er noch jung,
> der dritte, daß er auch habe
> des Geldes wohl genung.
>
> Weihnachten vor der Mette
> zwei Stöcklein nur blühten zur Frist:
> Ich weiß einen armen Gesellen,
> den nähm' ich, wie er ist!
>
>   Martin Greif

7 Am 4. Dezember

Geh in den Garten
am Barbaratag!
Gehe zum kahlen
Kirschbaum und sag:

Kurz ist der Tag,
grau ist die Zeit.
Der Winter beginnt,
der Frühling ist weit.

Doch in drei Wochen,
da wird es geschehn:
Wir feiern ein Fest,
wie der Frühling so schön.

Baum, einen Zweig
gib du mir von dir.
Ist er auch kahl,
ich nehm ihn mit mir.

Und er wird blühen
in leuchtender Pracht
mitten im Winter
in der heiligen Nacht.

Josef Guggenmos

8 Am Tage von Sankt Barbara

Am Tage von Sankt Barbara,
da geht das Jahr zur Neige.
Dann trag' ins Haus, von fern und nah,
die kahlen Kirschbaumzweige!

Am Tage von Sankt Barbara
stell' Zweige in die Zimmer!
Dann lacht zur Weihnacht, hier und da,
ein weißer Blütenschimmer.

James Krüss

9 Barbarazweige

Ich brach drei dürre Reiselein
vom harten Haselstrauch
und tat sie in ein Tonkrüglein,
warm war das Wasser auch.

Das war am Tag Sankt Barbara,
da ich die Reislein brach,
und als es nah an Weihnacht war,
da ward das Wunder wach.

Da blühten bald zwei Zweigelein,
und in der Heilgen Nacht
brach auf das dritte Reiselein
und hat das Herz entfacht.

Heinz Grunow

Dich rufen wir, Sankt Nikolaus

Zum Nikolaustag

10 Lieber heilger Nikolaus

> Lieber heilger Nikolaus,
> komm doch auch in unser Haus!
> Bring uns, was wir hätten gern:
> Äpfel, Nüss' und Mandelkern.
> Leg in Schuh und Teller ein
> lauter Dinge, die uns freun.
>
> Lieber heilger Nikolaus,
> komm doch heut in unser Haus.
> Lehr uns an die Armen denken,
> laß uns teilen und verschenken.
> Zeig uns, wie man fröhlich gibt,
> wie man hilft und wie man liebt.
>
> Lieber heilger Nikolaus,
> komm doch heut in jedes Haus.
> Alle Kinder, groß und klein,
> stimmen dann voll Freude ein:
> Gott sei Dank für alle Gaben,
> die wir heut empfangen haben.
>
> Unbekannt

11 Einst herrscht' in Myra Hungersnot

Einst herrscht' in Myra Hungersnot.
Kein Mehl mehr, keinen Bissen Brot.
Es hat der Regen Tag und Nacht
die ganze Ernte umgebracht.
Ein Jammern in den Gassen!
Seht, Gott hat uns verlassen.
Jedoch der Bischof Nikolaus,
der tröstet und verspricht:
„Gott hilft uns aus der Not heraus,
und er vergißt uns nicht."

Schon lang sind die Geschäfte leer.
Es gibt doch nichts zu kaufen mehr.
Die Kinder schreien laut nach Brot.
Es geht um Leben oder Tod.
Wofür wird Gott uns strafen?
Da kommt ein Schiff zum Hafen.
Da heißt es: „Bischof Nikolaus,
Gott hält, was er verspricht!
Er hilft uns aus der Not heraus!
Seht, Gott vergißt uns nicht!"

Es legt das Schiff am Hafen an.
Da sieht es gleich ein jedermann:
Es ist bis obenhin gefüllt
mit Korn für Brot, das Hunger stillt.
Doch nichts wird abgegeben!
Kein Korn zum Überleben!
Selbst als der Bischof Nikolaus
mit den Matrosen spricht,
da rücken sie kein Korn heraus.
Sie dürfen es ja nicht!

Zum Nikolaustag

Kommt ohne Korn das Schiff nach Haus,
ist es mit den Matrosen aus.
Dann heißt es nämlich ganz geschwind,
daß die Matrosen Diebe sind!
„Matrosen, habt Erbarmen!
Gott hilft euch und den Armen!
Teilt alles aus!" sagt Nikolaus.
„Wenn ihr die Säcke zählt,
so wird es sein bei euch zu Haus,
daß euch kein Körnchen fehlt!"

So glauben sie dem Bischof dann.
Schon packen die Matrosen an
und laden gleich die Säcke aus
und teilen Korn an alle aus.
So bringt man voller Freude
zum Müller das Getreide.
„Matrosen!" sagt nun Nikolaus.
„Seht, euer Schiff ist leer!
Doch bringt ihr euer Schiff nach Haus,
dann ist es voll und schwer!"

Aus Korn wird Mehl. Aus Mehl wird Brot.
Da ist vorbei die Hungersnot.
Das Schiff fährt weiter übers Meer.
Es fährt sehr schnell, so leicht und leer.
Doch als sie wieder landen,
ist alles Korn vorhanden.
Jetzt nehmt die Säcke! Wiegt und zählt
und rechnet alles aus!
Es hat kein einz'ges Korn gefehlt!
Dank, Bischof Nikolaus!

Rolf Krenzer

12 Dich rufen wir, Sankt Nikolaus!

Dich rufen wir, Sankt Nikolaus!
Auf Erden geht die Not nicht aus.
Du weißt es wie kein andrer.
Geh um, geh um,
du gütiger Wandrer!

Geh um, hab auf die Menschen acht!
Geh um! In dunkler kalter Nacht
sitzt mancher in seinem Jammer.
Hilf du, hilf du,
wirf Gold in die Kammer!

Du Mann aus Myra, deine Zeit
ist nie vorbei, ist jetzt, ist heut.
Geh um in viel Gestalten!
Hilf mir, hilf mir,
dein Amt zu verwalten.

Josef Guggenmos

13 Knecht Ruprecht

Von drauß', vom Walde komm ich her;
ich muß euch sagen: es weihnachtet sehr!
Allüberall auf den Tannenspitzen
sah ich goldene Lichtlein sitzen;
und droben aus dem Himmelstor
sah mit großen Augen das Christkind hervor.
Und wie ich so strolcht' durch den finstern Tann,
da rief's mich mit heller Stimme an:
„Knecht Ruprecht", rief es, „alter Gesell,
hebe die Beine und spute dich schnell!
Die Kerzen fangen zu brennen an,
das Himmelstor ist aufgetan,
Alt' und Junge sollen nun
von der Jagd des Lebens einmal ruhn;
und morgen flieg ich hinab zur Erden,
denn es soll wieder Weihnachten werden!"
Ich sprach: „O lieber Herre Christ,
meine Reise fast zu Ende ist;
ich soll nur noch in diese Stadt,
wo's eitel gute Kinder hat."
„Hast denn das Säcklein auch bei dir?"
Ich sprach: „Das Säcklein, das ist hier;
denn Äpfel, Nuß und Mandelkern
essen die frommen Kinder gern."
„Hast denn die Rute auch bei dir?"
Ich sprach: „Die Rute, die ist hier:
doch für die Kinder nur, die schlechten,
die trifft sie auf den Teil, den rechten."
Christkindlein sprach: „So ist es recht;
so geh mit Gott, mein treuer Knecht!"
Von drauß', vom Walde komm ich her;
ich muß euch sagen: es weihnachtet sehr!
Nun sprecht, wie ich's hier innen find:
sind's gute Kind', sind's böse Kind'?

Theodor Storm

14 Der liebe Weihnachtsmann

Der Esel, der Esel,
wo kommt der Esel her?
Von Wesel, von Wesel,
er will ans Schwarze Meer.

Wer hat denn, wer hat denn
den Esel so bepackt?
Knecht Ruprecht, Knecht Ruprecht,
mit seinem Klappersack.

Mit Nüssen, mit Äpfeln,
mit Spielzeug allerlei,
und Kuchen, ja Kuchen
aus seiner Bäckerei.

Wo bäckt denn, wo bäckt denn
Knecht Ruprecht seine Speis?
In Island, in Island,
drum ist sein Brot so weiß.

Die Rute, die Rute,
hat er dabei verbrannt.
Heut sind die Kinder artig –
im ganzen deutschen Land.

Ach Ruprecht, ach Ruprecht,
du lieber Weihnachtsmann,
komm auch zu mir mit deinem
Sack heran!

Paula und Richard Dehmel

15 Nikolaus-Abend

O heiliger Sankt Nikolaus,
vergiß nur ja nicht unser Haus
erst links dann rechts dann gradeaus
mit oben etwas Rauch heraus
du find'st uns brav beisammensitzen
und unsre roten Ohren spitzen.

O heiliger Sankt Nikolaus
komm nur herein in unser Haus,
setz dich zu uns zum Abendschmaus
und leere deine Taschen aus
und auch den Sack aus bester Jute,
dann wünschen wir dir alles Gute.

O heiliger Sankt Nikolaus,
wir wetten hier bei uns zu Haus
gefällt's dir sicher überaus,
drum laß' den Krampus lieber drauß,
du kannst uns auch allein bescheren,
er soll derweil die Straße kehren.

O heiliger Sankt Nikolaus,
vergißt du aber unser Haus
und gehn wir wieder mal leer aus,
dann machen wir uns auch nix draus,
dann bitten wir den Onkel Schmied
der dir verteufelt ähnlich sieht.

Richard Bletschacher

16 Nikolaussprüche

Lieber guter Nikolas,
bring uns kleinen Kindern was!
Die großen lasse laufen,
die können sich was kaufen.

Niklaus, komm in unser Haus
schütt dein goldig Säcklein aus,
stell den Esel auf den Mist,
daß er Heu und Hafer frißt.

(Hessen)

*

Nikolaus, du frommer Mann,
komm mit deinem Schimmel an
und dem schwarzen Piet;
alles, was man wünschen kann,
Spielzeug, Kuchen, Marzipan,
bring uns bitte mit.
Haben wir nicht recht getan,
so verzeih uns, heilger Mann,
Schimmelchen und Piet.

(Westfalen)

*

Holler boller Rumpelsack,
Niklas trug sein Huckepack,
Weihnachtsnüsse, gelb und braun,
runzlich, punzlich anzuschaun.
Knackt die Schale, springt der Kern,
Weihnachtsnüsse eß ich gern,
komm bald wieder in mein Haus,
alter guter Nikolaus.

(Hunsrück)

*

Ich komm von weit,
hab nicht viel Zeit,
drum haltet Speis und Trank bereit.
Der Stern scheint blank,
ich bleib nicht lang,
behüt euch Gott,
habt schönen Dank.

(England)

17 Klopf, klopf, klopf

Klopf, klopf, klopf,
wer klopft an unsrer Türe an?
Klopf, klopf, klopf,
es ist der heilige Mann!
Was stehst du draußen vor der Tür?
Komm doch zu uns herein.
Es sind ja brave Kinder hier,
die sich schon lange freun.
Komm herein, sei unser Gast,
bring uns alles, was du hast.
Klopf, klopf, klopf.

Trapp, trapp, trapp!
Jetzt geht er fort; was soll das sein?
Trapp, trapp, trapp!
Warum kehrt er nicht ein?
Er muß noch heut in später Nacht
zu vielen Kindern hin,
die lange sich auf ihn gefreut
mit kindlich frommem Sinn.
Wenn die Tür wird aufgemacht,
finden wir, was er gebracht.
Trapp, trapp, trapp.

Unbekannt

Zum Dreikönigstag

Wir kommen geführt von Gottes Hand

Zum Dreikönigstag

18 Drei Könige aus Morgenland

Die heiligen drei Könige aus Morgenland,
sie frugen in jedem Städtchen:
„Wo geht der Weg nach Bethlehem,
ihr lieben Buben und Mädchen?"

Die Jungen und Alten, sie wußten es nicht.
Die Könige zogen weiter.
Sie folgten einem goldenen Stern,
der leuchtete lieblich und heiter.

Der Stern blieb stehn über Josephs Haus.
Da sind sie hineingegangen.
Das Öchslein brüllte, das Kindlein schrie,
die heiligen drei Könige sangen.

Heinrich Heine

19 Die Heiligen Drei Könige

Wir kommen daher ohn' allen Spott,
ein' schön' guten Abend geb euch Gott.

Wir kommen hierher von Gott gesandt
mit diesem Stern aus Morgenland.

Wir zogen daher in schneller Eil',
an dreißig Tagen vierhundert Meil'.

Wir kamen vor Herodes Haus,
Herodes schaut zum Fenster heraus:

„Ihr lieben drei Weisen, wo wollt ihr hin?" –
„Nach Bethlehem steht unser Sinn;

nach Bethlehem, in Davids Stadt,
allwo der Herr Christ geboren ward."

„Ihr lieben Weisen, bleibt heute bei mir,
ich will euch geben gut Quartier." –

„Ach, lieber Herodes, das kann nicht geschehn,
wir müssen den Tag noch weitergehn."

Wir zogen miteinander den Berg hinaus,
wir sahen, der Stern stand über dem Haus.

Wir fanden das Kind, war nackend und bloß,
Maria nahm's auf ihren Schoß.

Und Joseph zog sein Hemdlein aus,
gab's Maria, die macht' Windeln draus.

Zum Dreikönigstag

Wir taten unsre Schätze auf
und schenkten dem Kind Gold, Weihrauch,

Gold, Weihrauch und Myrrhen fein:
Das Kind soll unser König sein!

Unbekannt

20 Der Stern

Hätt' einer auch fast mehr Verstand
als wie die drei Weisen aus Morgenland
und ließe sich dünken, er wär wohl nie
dem Sternlein nachgereist wie sie –
dennoch, wenn nun das Weihnachtsfest
seine Lichtlein wonnig scheinen läßt,
fällt auch auf sein verständig Gesicht,
er mag es merken oder nicht,
ein freundlicher Strahl
des Wundersternes von dazumal.

Wilhelm Busch

21 Anbetung

Wir sind mit unsrer Königsmacht
schwermütig hergeritten.
Es schneite auf uns Tag und Nacht,
auf Mann und Pferd und Schlitten.

Die Tür geht auf, es summt der Wind,
wir beugen unsern Rücken,
da wir das zauberische Kind
im Dämmerlicht erblicken.

Hier ist das Gold, der Weihrauch hier,
und hier, o Kind, die Myrrhen.
Du lächelst, und schon fühlen wir,
wie wir uns ganz verwirren.

Wir haben anders dich geglaubt.
Nun treten wir ins Dunkel
und heben ab von unserm Haupt
der Kronen Goldgefunkel.

Das Wissen von der bunten Welt,
vom Meer und seinen Häfen,
von Mond und Stern am Himmelszelt,
wir streifen's von den Schläfen.

Das Ich, das trotzig sich erschuf
über den andern allen,
will nun wie ein verlorner Ruf
im Innersten verhallen.

Wir neigen unsres Alters Gram
auf deine kleinen Hände.
Und in dem Neigen wundersam
geht alle Not zu Ende.

Zum Dreikönigstag

Die Pferde draußen schütteln sich
und klirren mit den Glocken,
und lautlos fallen Strich an Strich
darüberhin die Flocken.

Manfred Hausmann

22 Die Könige

Drei Könige wandern aus Morgenland,
ein Sternlein führt sie zum Jordanstrand.
In Juda fragen und forschen die drei,
wo der neugeborene König sei.
Sie wollen Weihrauch, Myrrhen und Gold
zum Opfer weihen dem Kindlein hold.

Und hell erglänzt des Sternes Schein.
Zum Stalle gehen die Könige ein.
Das Knäblein schauen sie wonniglich.
Anbetend neigen die Könige sich.
Sie bringen Weihrauch, Myrrhen und Gold
zum Opfer dar dem Knäblein hold.

O Menschenkind, halt' treulich Schritt!
Die Kön'ge wandern – o wandre mit!
Der Stern des Friedens, der Gnade Stern,
erhelle dein Ziel, wenn du suchst den Herrn.
Und fehlen dir Weihrauch, Myrrhen und Gold –
schenke dein Herz dem Knäblein hold!

Peter Cornelius

23 Epiphaniasfest

Die heiligen drei Könige mit ihrem Stern,
sie essen, sie trinken und bezahlen nicht gern;
sie essen gern, sie trinken gern,
sie essen, sie trinken und bezahlen nicht gern.

Die heilgen drei Könige, sie kommen allhier,
es sind ihrer drei und nicht ihrer vier,
und wenn zu drein der vierte wär,
so wär ein heiliger drei König mehr.

Ich erster bin der Weiß' und auch der Schön',
bei Tage solltet ihr mich erst sehn!
Doch ach, mit allen Spezerein
werd ich mein Tag kein Mädchen mehr erfreun.

Ich aber bin der Braun' und bin der Lang,
bekannt bei Weibern wohl und bei Gesang;
ich bringe Gold statt Spezerein,
da werd ich überall willkommen sein.

Ich endlich bin der Schwarz' und bin der Klein
und mag auch wohl einmal recht lustig sein.
Ich esse gern, ich trinke gern,
ich esse, trinke und bedanke mich gern.

Die heilgen drei König sind wohlgesinnt,
sie suchen die Mutter und das Kind.
Der Joseph fromm sitzt auch dabei,
der Ochs und Esel liegen auf der Streu.

Wir bringen Myrrhen, wir bringen Gold,
dem Weihrauch sind die Damen hold,
und haben wir Wein vom guten Gewächs,
so trinken wir drei so gut wie ihrer sechs.

Zum Dreikönigstag

> Da wir hier nun schöne Herrn und Fraun,
> aber keine Ochs und Esel schaun,
> so sind wir nicht am rechten Ort
> und ziehen unsres Weges weiter fort.
>
> Johann Wolfgang von Goethe

24 Die Sternsinger

> Hört, was wir euch singen:
> die Geburt des Herrn.
> Seht, was wir euch bringen:
> aller Sterne Stern.
>
> Was er einst verkündet,
> hoch am Himmelszelt,
> daß sich Gott verbündet
> mit der armen Welt,
>
> kündet er auch heute.
> Was geschah, geschieht.
> Folgt dem Stern, ihr Leute,
> der zur Krippe zieht.
>
> Manfred Hausmann

25 Sternsingerlied

Wir sagen guten Abend und treten herein,
die geehrten Herrschaften werden's verzeihn.
Denn die Erde hat Eile und muß sich drehn,
bis die Heiligen Drei Könige im Kalender stehn.

Wir rauchen gern Zigarren, wir trinken gern Bier,
wir tragen Kronen aus Goldpapier.
Caspar, Melchior und Balthasar sind wir genannt
und haben viel gute Wünsche für jeden zur Hand.

Wir heben an und sagen es dreist:
Wir wünschen dem Haus einen heimlichen Geist,
einen Geist, der in Keller und Kammer sich versteckt,
der alle behütet und alle neckt.

Wir wünschen dem Garten ein schönes Gedeihn,
wir wünschen ihm honiggelben Sonnenschein,
wir wünschen ihm griesegrauen Regenfall
und fürs Fliedergebüsch eine silberne Nachtigall.

Wir wünschen dem Herrn einen weißen Burgunderwein,
für jeden Finger einen Ring mit einem Stein,
für jeden Stein vier glückliche Jahre
und daß er danach in die Seligkeit fahre.

Wir wünschen der Frau eine offene Hand
und fernerhin einen beglückten Ehestand,
eine Kette von Perlen, einen Mantel von Nerz,
alle Tage im Jahre ein fröhliches Herz.

Wir wünschen dem jungen Herrn ein goldenes Haus,
es springen zwölf Knaben zu den Türen hinaus.
Zwölf Knaben, mutig und wohlgeraten,
Dichter, Musikanten und Soldaten.

Zum Dreikönigstag

Dem ältesten Fräulein eines guten Mannes Huld
und bis an den Tag eine gute Geduld.
Einen Haarwuchs geschwind und ellenlang
und ein Klavierspiel so schön wie unser Gesang.

Dem jüngsten Fräulein einen Speicher voll Marzipan,
eine wunderschöne Puppe aus Porzellan,
die ein Druck auf den Bauch zum Maulauftun bringt,
daß sie lacht und „Blühe, liebes Veilchen" singt.

Wir wünschen uns allen eine andere Zeit
und jedem armen Teufel eine Glückseligkeit,
einen klaren Korn und ein Brot mit Speck
und daß sich endlich die Decke nach den Füßen streck.

Wir rauchen Zigarren, wir trinken gern Bier,
wir tragen Kronen aus Goldpapier.
Wir wünschen wohl noch mehr, doch wir haben's noch weit,
und hiermit allen Herrschaften eine glückliche Zeit.

Werner Bergengruen

26 Sternsinger

Wir sind die Heiligen König'
mit Krone und mit Stern.
Wir essen Nüss' und Äpfel
und Butterplätzchen gern.
Wir kommen fern von Osten,
vom Morgenlande her,
ach, gebt uns was zu kosten!
Wir bitten ja so sehr.

Unbekannt

27 Der Sternsinger

Ich bin der weise Balthasar,
kam früher stets zu drei'n.
Es ist nicht mehr, wie's einmal war,
geht jeder jetzt allein.

Der Kaspar hat mir nie geglaubt,
wenn ich ihn warnen wollt:
jetzt haben sie ihn ausgeraubt
mit seinem dummen Gold.

Die Gabe, die der Melcher trug,
die holten sie sich auch:
nun ist er zwar durch Schaden klug,
doch ohne Ruch und Rauch.

Der Kaspar schämte sich gar sehr,
der schwarze Melcher sprach kein Wort,
und auch der Stern schien längst nicht mehr:
wir tappten so im Dunkeln fort.

Nun trägt die Macht das Goldgeschmeid.
Wo wohnt die Liebe, die erlöst?
Den Weihrauch schwenkt die Eitelkeit.
Haust hier der Schlichte, der uns tröst?

Verzeiht, daß ich zu später Stund
mit meiner Frag' euch aufgeschreckt.
So spürt doch, wie mir Herz und Mund
nach Bitternis und Myrrhen schmeckt!

Wir suchen alle nach dem Kind,
und jeder klopft an anderm Tor:
weiß keiner, ob er die noch find't,
die er am Weg verlor.

Christine Busta

Zum Dreikönigstag

28 Wir kommen daher aus dem Morgenland

Wir kommen daher aus dem Morgenland,
wir kommen geführt von Gottes Hand.
Wir wünschen euch ein fröhliches Jahr,
Kaspar, Melchior und Balthasar.

Es führt uns der Stern zur Krippe hin,
wir grüßen dich, Jesus, mit frommem Sinn.
Wir bringen dir unsere Gaben dar:
Weihrauch, Myrrhe und Gold fürwahr!

Wir bitten dich: Segne nun dieses Haus
und alle, die gehen da ein und aus!
Verleihe ihnen zu dieser Zeit
Frohsinn, Frieden und Einigkeit!

Wir tun die geweihte Kreide herfür:
Nun laßt uns schreiben an eure Tür!
So wünschen wir euch ein gesegnetes Jahr:
Kaspar, Melchior und Balthasar.

Maria Ferschl

29 Die drei Könige

Drei Könige kommen gegangen
mit einer langen Stangen.
Es sind gar noble Herrn,
sie tragen einen Stern.

Der eine ist der Peter,
den kennt im Dorfe jeder.
Trägt eine goldne Kron
und ist des Müllers Sohn.

Der mit der Silberlitze
ist unsres Schneiders Fritze.
Trägt einen weißen Bart
von königlicher Art.

Der dritte mit dem Turban
ist Karl vom Schuster Urban.
Trägt goldne Ring im Ohr
und ist ein schwarzer Mohr.

Ein Schwarzer und zwei Weiße,
so gehn sie auf die Reise,
singen bald dort, bald hier.
Der Stern ist von Papier.

Sie singen vor den Toren,
die Ohren blaugefroren.
Der Wind weht bitterkalt,
das Königslied erschallt.

„Wir kommen aus dem Dunkel.
Der Stern hat ein Gefunkel.
Der Stern hat großes Licht.
Drum fürchten wir uns nicht.

Zum Dreikönigstag

Ihr Leut, gebt uns ein bißchen!
Ein Äpfelchen, ein Nüßchen!
Ein Scheiblein Birnenbrot!
Von jedem nur ein Lot!"

Sie singen unerschrocken,
sie heimsen ihre Brocken,
und Flocken hat's geschneit –
der Sternenweg ist weit.

Der Sternenweg ist bitter.
Die Kronen sind nur Flitter,
die Schuhe hab'n ein Loch –
Könige sind sie doch.

Rudolf Otto Wiemer

30 **epiphanias**

abendstern
und
morgenstern
sind ein und derselbe

einmal
führt er die nacht
einmal
den tag herauf

verläßlicheres gibt
es nicht

Detlev Block

31 Der Weihnachtsstern

Mögt ihr auch in die allerfernste Ferne,
die flimmernde, des Weltenraumes spähn,
ihr könnt nur Sterne, immer neue Sterne,
doch nirgends könnt ihr meinesgleichen sehn.

Ich komme aus der andern Welt und Zeit
zufolge Gottes deutender Gebärde
und ziehe über Bethlehems Gebreit
und über all die Traurigkeit der Erde.

Denkt nicht, ich wäre schon, ich selbst, das Licht.
Das Licht ist unbegreiflich eins und keins.
Ich bin, der sich im Erdendämmer bricht,
der Schein nur, nur der Widerschein des Scheins,

ein Zeichen nur in dieser Nacht und Stille.
Vielleicht, daß einer, der mich sieht, sich bang
erhebt und aufbricht und aus seiner Fülle
ins Ungewisse geht sein Leben lang...

Manfred Hausmann

Zum Dreikönigstag

32 Die Sternsinger kommen

Die Sternsinger kommen, sie ziehen durchs Land,
sie fassen sich alle an der Hand,
sie singen und springen, sie tanzen ihr Lied.
Willkommen, willkommen, wer mit uns zieht.

Die Kette aus Kindern von überall her,
von über den Bergen, von über dem Meer,
die armen, die reichen, sie fassen sich an,
der Stern steht für alle und leuchtet voran.

Friedrich Hoffmann

Advent und Weihnachten

Betrachtet man die Menge der alten und neuen Weihnachtsgedichte auf ihre inhaltlichen Schwerpunkte hin, so lassen sie sich nach drei Motivgruppen ordnen:
— Gedichte, in denen das Weihnachtsgeschehen oder ein Ausschnitt daraus nacherzählt wird,
— Gedichte, die eine theologische Aussage machen,
— Gedichte, die Empfindungen und Gefühle zum Weihnachtsfest beschreiben.

Zu verschiedenen Zeiten haben diese drei Grundmotive eine unterschiedliche Gewichtung erfahren: In früherer Zeit überwiegt das Gedicht, das eine theologische Aussage macht. Lob, Anbetung, Verherrlichung ist der beherrschende Dreiklang in der weihnachtlichen Dichtung bis weit hinein ins 17. Jahrhundert. Danach verlagert sich der Schwerpunkt. Die stimmungsvollsten, weihnachtsseligsten Gedichte verdanken wir den Dichtern des 18. und 19. Jahrhunderts. Daneben wird in unzähligen Variationen die Weihnachtslegende nachgedichtet.
In unserem Jahrhundert dagegen herrscht das kritische Gedicht vor. Die Weihnachtsgeschichte wird „in unsere Zeit hinein" erzählt. Maria, Joseph, das Kind, die Hirten sind nicht mehr Gestalten aus einer entrückten (und deshalb unverbindlichen) Ferne, sondern leben hier und jetzt: Maria, die Flüchtlingsfrau, die auf der Flucht ein Kind zur Welt bringt „ohne ärztlichen Beistand, unterernährt, / nicht seßhaft und kaum, daß auf den Mann Verlaß ist...". Das Kind schaut uns an aus den Augen aller Kinder dieser Welt: „Und in ähnlichen Tagen wurden viele Kinder geboren. / Aber sie hatten keinen Raum in der Wohnung. / Denn die Menschen wollten sich nicht stören lassen, / sie wollten ihre Feste, ihren Appetit, / ihre Finanzen nicht stören lassen...".
Scharf und unerbittlich ist im modernen Gedicht die Kritik an der weitverbreiteten Neigung des Normalchristen, sich auf einer Woge des Gefühls dahintreiben zu lassen und gleichzeitig die Augen zu verschließen vor dem Elend der Welt.

Es ist erstaunlich, wie viele moderne Autoren und Autorinnen das Thema „Weihnachten" aufgreifen. Fast kein großer Name fehlt. Und es sind nicht nur solche, die der Kirche und dem christlichen Glauben nahestehen.

Advent und Weihnachten

Anders verhält es sich beim Kindergedicht. Es fällt auf, daß es das moderne Weihnachtsgedicht für Kinder eigentlich nicht gibt. Wo ein Autor dennoch einmal das Thema aufnimmt, geschieht es eher auf humorvolle Art.

Aus der Gruppe der Weihnachtsgedichte mit theologischer Aussage haben die besten als Lieder Eingang in das Gesangbuch gefunden. Diese Gedichte sind nicht in die Sammlung aufgenommen, da sie ja leicht im Gesangbuch nachzulesen sind. Grundsätzlich war bei einem vertonten Gedicht für die Auswahl entscheidend, ob es auch ohne Melodie besteht — durch Sprache, Rhythmus und Reim.

Denkt euch, ich habe das Christkind gesehn

Gedichte für Kinder

33 Kinderweihnacht

Du lieber heilger frommer Christ,
der für uns Kinder kommen ist,
damit wir sollen weis' und rein
und rechte Kinder Gottes sein.

Du Licht, vom lieben Gott gesandt,
in unser dunkles Erdenland,
du Himmelskind und Himmelsschein,
damit wir sollen himmlisch sein.

Du lieber heilger frommer Christ,
weil heute dein Geburtstag ist,
drum ist auf Erden weit und breit
bei allen Kindern frohe Zeit.

O segne mich, ich bin noch klein,
o mache mir das Herze rein,
o bade mir die Seele hell
in deinem reinen Himmelsquell!

Daß ich wie Engel Gottes sei,
in Demut und in Liebe treu.
Daß ich dein bleibe für und für,
du heilger Christ, das schenke mir!

Ernst Moritz Arndt

34 Wir sagen euch an den lieben Advent

Wir sagen euch an den lieben Advent.
Sehet, die erste Kerze brennt!
Wir sagen euch an eine heilige Zeit.
Machet dem Herrn die Wege bereit!
Freut euch, ihr Christen,
freuet euch sehr!
Schon ist nahe der Herr!

Wir sagen euch an den lieben Advent.
Sehet, die zweite Kerze brennt!
So nehmet euch eins um das andere an,
wie auch der Herr an uns getan!
Freut euch, ihr Christen,
freuet euch sehr!
Schon ist nahe der Herr!

Wir sagen euch an den lieben Advent.
Sehet, die dritte Kerze brennt!
Nun tragt eurer Güte hellen Schein
weit in die dunkle Welt hinein!
Freut euch, ihr Christen,
freuet euch sehr!
Schon ist nahe der Herr!

Wir sagen euch an den lieben Advent.
Sehet, die vierte Kerze brennt!
Gott selber wird kommen, er zögert nicht.
Auf, auf, ihr Herzen, werdet licht!
Freut euch, ihr Christen,
freuet euch sehr!
Schon ist nahe der Herr!

Maria Ferschl

35 Vorfreude, schönste Freude

Vorfreude, schönste Freude,
Freude im Advent!
Tannengrün zum Kranz gewunden,
rote Bänder dreingebunden,
und das erste Lichtlein brennt,
erstes Leuchten im Advent,
Freude im Advent!

Vorfreude, schönste Freude,
Freude im Advent!
Heimlichkeit im frühen Dämmern:
Basteln, Stricken, Rascheln, Hämmern.
Und das zweite Lichtlein brennt,
Heimlichkeiten im Advent,
Freude im Advent!

Vorfreude, schönste Freude,
Freude im Advent!
Was tut Mutti, könnt ihr's raten?
Kuchen backen, Äpfel braten.
Und das dritte Lichtlein brennt.
Süße Düfte im Advent,
Freude im Advent!

Vorfreude, schönste Freude,
Freude im Advent!
Kinderstimmen, leise, leise,
üben manche frohe Weise.
Und das vierte Lichtlein brennt.
Lieder klingen im Advent,
Freude im Advent!

Erika Engel

36 Ans Christkind

Christkindelein, Christkindelein,
komm doch zu uns herein!
Wir haben frisch Heubündelein
und auch ein gutes Gläschen Wein.
Das Bündelein fürs Eselein.
Fürs Kindelein das Gläselein,
und beten können wir auch,
und beten können wir auch.

Aus dem Elsaß

37 Weihnachtszeit

O schöne, herrliche Weihnachtszeit!
Was bringst du Lust und Fröhlichkeit!
Wenn der heilige Christ in jedem Haus
teilt seine lieben Gaben aus.
Und ist das Häuschen noch so klein,
so kommt der heilige Christ hinein,
und alle sind ihm lieb wie die Seinen,
die Armen und Reichen, die Großen und Kleinen.
Der heilige Christ an alle denkt,
ein jedes wird von ihm beschenkt.
Drum laßt uns freuen und dankbar sein!
Er denkt auch unser, mein und dein!

Heinrich Hoffmann von Fallersleben

38 Morgen, Kinder, wird's was geben

Morgen, Kinder, wird's was geben,
morgen werden wir uns freun.
Welch ein Jubel, welch ein Leben
wird in unsrem Hause sein!
Einmal werden wir noch wach –
heissa, dann ist Weihnachtstag!

Wie wird dann die Stube glänzen
von der großen Lichterzahl,
schöner als bei frohen Tänzen
ein geputzter Kronensaal!
Wißt ihr noch vom vor'gen Jahr,
wie's am Weihnachtsabend war?

Wißt ihr noch mein Reiterpferdchen,
Malchens nette Schäferin?
Jettchens Küche mit dem Herdchen
und dem blankgeputzten Zinn?
Heinrichs bunten Harlekin
mit der gelben Violin?

Wißt ihr noch den großen Wagen
und die schöne Jagd von Blei?
Unsre Kleiderchen zum Tragen
und die viele Näscherei?
Meinen fleiß'gen Sägemann
mit der Kugel unten dran?

Welch ein schöner Tag ist morgen!
Viele Freuden hoffen wir;
unsre lieben Eltern sorgen
lange, lange schon dafür.
O gewiß, wer sie nicht ehrt,
ist der ganzen Lust nicht wert!

Heinrich Hoffmann von Fallersleben

39 Alle Jahre wieder

Alle Jahre wieder
kommt das Christuskind
auf die Erde nieder,
wo wir Menschen sind.

Kehrt mit seinem Segen
ein in jedes Haus,
geht auf allen Wegen
mit uns ein und aus.

Ist auch mir zur Seite,
still und unerkannt,
daß es treu mich leite
an der lieben Hand.

Wilhelm Hey

40 Leise rieselt der Schnee

Leise rieselt der Schnee,
still und starr liegt der See.
Weihnachtlich glänzet der Wald,
freue dich, Christkind kommt bald!

In den Herzen ist's warm.
Still schweigt Kummer und Harm.
Sorge des Lebens verhallt.
Freue dich, Christkind kommt bald!

Bald ist heilige Nacht.
Chor der Engel erwacht.
Hört nur, wie lieblich es schallt:
Freue dich, Christkind kommt bald!

Eduard Ebel

41 Ihr Kinderlein, kommet

Ihr Kinderlein, kommet, o kommet doch all,
zur Krippe her kommet in Bethlehems Stall,
und seht, was in dieser hochheiligen Nacht
der Vater im Himmel für Freude uns macht.

Da liegt es, ihr Kinder, auf Heu und auf Stroh,
Maria und Joseph betrachten es froh;
die redlichen Hirten knien betend davor,
hoch oben schwebt jubelnd der Engelein Chor.

O beugt wie die Hirten anbetend die Knie;
erhebet die Hände und danket wie sie!
Stimmt freudig, ihr Kinder, wer soll sich nicht freun,
stimmt freudig zum Jubel der Engel mit ein!

Christoph von Schmid

Gedichte für Kinder

42 Unsere Weihnachtskrippe

Dies ist die Krippe, und das ist das Kind.
Hier steht der Esel, und da steht das Rind.
Maria ist fröhlich, man sieht es ihr an.
Und der mit dem Bart, das ist Joseph, ihr Mann.

Und dort kommen Hirten mit Mantel und Hut,
auch Hunde und Schafe erkennen wir gut.
Der Stall ist mit richtigem Stroh überdacht.
Und alles zusammen hat Vater gemacht.

Das Moos und die Zweige hat Mutter gepflückt.
Sie hat auch das Heu in die Krippe gedrückt.
Ich selbst hab den Stern mit dem Goldschweif geklebt
und den Engel, der oben am Tannenzweig schwebt.

Mathilde Sibbers

43 Vom Christkind

Denkt euch — ich habe das Christkind geseh'n!
Es kam aus dem Walde, das Mützchen voll Schnee,
mit gefrorenem Näschen.
Die kleinen Hände taten ihm weh;
denn es trug einen Sack, der war gar schwer,
schleppte und polterte hinter ihm her.
Was drin war, möchtet ihr wissen?
Ihr Naseweis, ihr Schelmenpack —
meint ihr, er wäre offen, der Sack?
Zugebunden bis oben hin!
Doch war gewiß was Schönes drin:
Es roch so nach Äpfeln und Nüssen!

Anna Ritter

44 Weihnachtslegende

Christkind kam in den Winterwald,
der Schnee war weiß, der Schnee war kalt,
doch als das heil'ge Kind erschien,
fing's an, im Winterwald zu blühn.
Christkindlein trat zum Apfelbaum,
erweckt ihn aus dem Wintertraum:
„Schenk Äpfel süß, schenk Äpfel zart,
schenk Äpfel mir von aller Art!"
Der Apfelbaum, er rüttelt sich,
der Apfelbaum, er schüttelt sich.
Da regnet's Äpfel rings umher,
Christkindleins Taschen wurden schwer.
Die süßen Früchte alle nahm's
und also zu den Menschen kam's.
Nun, holde Mäulchen, kommt, verzehrt,
was euch Christkindlein hat beschert!

Ernst von Wildenbruch

45 Der Weihnachtsengel

Am Weihnachtsbaum die Lichter brennen;
wie glänzt er festlich, lieb und mild,
als spräch' er: „Wollt in mir erkennen
getreuer Hoffnung stilles Bild!"

Die Kinder stehn mit hellen Blicken,
das Auge lacht, es lacht das Herz;
o fröhlich seliges Entzücken!
Die Alten schauen himmelwärts.

Zwei Engel sind hereingetreten,
kein Auge hat sie kommen sehn;
sie gehn zum Weihnachtstisch und beten
und wenden wieder sich und gehn:

„Gesegnet seid, ihr alten Leute,
gesegnet sei, du junge Schar!
Wir bringen Gottes Segen heute
dem braunen wie dem weißen Haar!

Zu guten Menschen, die sich lieben,
schickt uns der Herr als Boten aus,
und seid ihr treu und fromm geblieben –
wir treten wieder in dies Haus."

Kein Ohr hat ihren Spruch vernommen;
unsichtbar jedes Menschen Blick,
sind sie gegangen wie gekommen;
doch Gottes Segen blieb zurück.

Gustav Hermann Kletke

46 Das Christkind

Die Nacht vor dem Heiligen Abend,
da liegen die Kinder im Traum.
Sie träumen von schönen Sachen
und von dem Weihnachtsbaum.

Und während sie schlafen und träumen,
wird es am Himmel klar,
und aus dem Himmel fliegen
drei Engel wunderbar.

Sie tragen ein holdes Kindlein,
das ist der Heilige Christ.
Es ist so fromm und freundlich,
wie keins auf Erden ist.

Und wie es durch den Himmel
still über die Häuser fliegt,
schaut es in jedes Bettchen,
wo nur ein Kindlein liegt.

Es freut sich über alle,
die fromm und freundlich sind,
denn solche liebt von Herzen
das liebe Himmelskind.

Heut schlafen noch die Kinder
und sehen es nur im Traum.
Doch morgen tanzen und springen
sie um den Weihnachtsbaum.

Robert Reinick

47) Das Weihnachtsbäumelein

Es war einmal ein Tännelein
mit braunen Kuchenherzelein
und Glitzergold und Äpfeln fein
und vielen bunten Kerzelein:
das war am Weihnachtsfest so grün,
als fing es eben an zu blühn.

Doch nach nicht gar zu langer Zeit,
da stand's im Garten unten
und seine ganze Herrlichkeit
war, ach, dahingeschwunden.
Die grünen Nadeln war'n verdorrt,
die Herzlein und die Kerzlein fort.

Bis eines Tags der Gärtner kam;
den fror zu Haus im Dunkeln,
und es in seinen Ofen nahm –
hei! tat's da sprühn und funkeln!
Und flammte jubelnd himmelwärts
in hundert Flämmlein an Gottes Herz.

Christian Morgenstern

48 O Tannenbaum

O Tannenbaum, o Tannenbaum,
wie grün sind deine Blätter!
Du grünst nicht nur zur Sommerszeit,
nein auch im Winter, wenn es schneit.
O Tannenbaum, o Tannenbaum,
wie grün sind deine Blätter!

O Tannenbaum, o Tannenbaum,
du kannst mir sehr gefallen!
Wie oft hat nicht zur Weihnachtszeit
ein Baum wie du mich hoch erfreut!
O Tannenbaum, o Tannenbaum,
du kannst mir sehr gefallen!

O Tannenbaum, o Tannenbaum,
dein Kleid will mich was lehren:
die Hoffnung und Beständigkeit
gibt Trost und Kraft zu jeder Zeit.
O Tannenbaum, o Tannenbaum,
dein Kleid will mich was lehren.

Ernst Anschütz

Gedichte für Kinder

49) Was unter dem Weihnachtsbaum liegt

Von der Mutter ein Kleid aus Seide
und zum Zeichnen und Malen Kreide.
Vom Vater ein Buch mit Geschichten
von Heinzelmännchen und Wichten.
Vom Paten ein goldenes Amulett,
von Onkel Franz ein Puppenbett.
Von Tante Lina ein Paar Hosen
und ein Lebkuchen mit Rosen.

Sind wir jetzt reich oder arm?
Ist es uns kalt oder warm?
Müßte nicht noch etwas sein,
nicht groß und nicht klein,
was nicht im Schaufenster steht,
und was niemand kaufen geht?
Ich frage, ich bin so frei:
Ist auch etwas vom Christkind dabei?

Max Bolliger

50 Das Kindlein, das Maria hält

Das Kindlein, das Maria hält,
ist Gottes Sohn, der Herr der Welt,
geborn so arm auf Erden.
Es kommt zu uns, das heilge Kind,
die wir gar sehr verstöret sind
in Not und viel Beschwerden.

Der Heiland ist es und der Held,
der wider alle Feind' sich stellt
auf dieser dunklen Erden.
Und wer es mit dem Kinde wagt,
am Ende muß ganz unverzagt,
sehr stark und fröhlich werden.

Marie Feesche

51 Weihnacht

Christkind ist da,
sangen die Engel im Kreise
über der Krippe
immerzu.

Der Esel sagt leise:
I-a
und der Ochse sein Muh.

Der Herr der Welten
ließ alles gelten.
Es dürfen auch nahen
ich und du.

Josef Guggenmos

52 Geboren ist das Kind zur Nacht

Geboren ist das Kind zur Nacht
für dich und mich und alle,
drum haben wir uns aufgemacht
nach Bethlehem zum Stalle.

Sei ohne Furcht, der Stern geht mit,
der Königsstern der Güte,
dem darfst du trauen, Schritt für Schritt,
daß er dich wohl behüte.

Und frage nicht und rate nicht,
was du dem Kind sollst schenken.
Mach nur dein Herz ein wenig licht,
ein wenig gut dein Denken,

mach deinen Stolz ein wenig klein,
und fröhlich mach dein Hoffen –
so trittst du mit den Hirten ein,
und sieh: die Tür steht offen.

Ursula Wölfel

53 Die Weihnachtsmaus

Die Weihnachtsmaus ist sonderbar
(sogar für die Gelehrten),
denn einmal nur im ganzen Jahr
entdeckt man ihre Fährten.

Mit Fallen oder Rattengift
kann man die Maus nicht fangen.
Sie ist, was diesen Punkt betrifft,
noch nie ins Garn gegangen.

Das ganze Jahr macht diese Maus
den Menschen keine Plage.
Doch plötzlich aus dem Loch heraus
kriecht sie am Weihnachtstage.

Zum Beispiel war vom Festgebäck,
das Mutter gut verborgen,
mit einemmal das Beste weg
am ersten Weihnachtsmorgen.

Da sagte jeder rundheraus:
„Ich hab' es nicht genommen!
Es war bestimmt die Weihnachtsmaus,
die über Nacht gekommen."

Ein andres Mal verschwand sogar
das Marzipan von Peter,
was seltsam und erstaunlich war,
denn niemand fand es später.

Der Christian rief rundheraus:
„Ich hab' es nicht genommen!
Es war bestimmt die Weihnachtsmaus,
die über Nacht gekommen!"

Ein drittes Mal verschwand vom Baum,
an dem die Kugeln hingen,
ein Weihnachtsmann aus Eierschaum
nebst andren leckren Dingen.

Die Nelly sagte rundheraus:
„Ich habe nichts genommen!
Es war bestimmt die Weihnachtsmaus,
die über Nacht gekommen!"

Und Ernst und Hans und der Papa,
die riefen: „Welche Plage!
Die böse Maus ist wieder da,
und just am Feiertage!"

Nur Mutter sprach kein Klagewort.
Sie sagte unumwunden:
„Sind erst die Süßigkeiten fort,
ist auch die Maus verschwunden!"

Und wirklich wahr: die Maus blieb weg,
sobald der Baum geleert war,
sobald das letzte Festgebäck
gegessen und verzehrt war.

Sagt jemand nun, bei ihm zu Haus –
bei Fränzchen oder Lieschen –
da gäb' es keine Weihnachtsmaus,
dann zweifle ich ein bißchen!

Doch sag' ich nichts, was jemand kränkt!
Das könnte euch so passen!
Was man von Weihnachtsmäusen denkt,
bleibt jedem überlassen!

James Krüss

54 Pfefferkuchenmann

Er ist nicht mal aus Afrika
und doch so braungebrannt.
Wo kommt er her? Ich dacht' mir's ja:
Aus Pfefferkuchenland!
Hat Augen von Korinthen
und Mandeln drum und dran.
Wie schön ihn alle finden –
den Pfefferkuchenmann!

Er freut sich auf den Weihnachtsbaum.
Da möcht' er drunterstehn.
Den Lichterglanz – er glaubt es kaum,
den will er sich besehn
mit Augen von Korinthen
und Mandeln drum und dran.
Wie herrlich wird er's finden –
der Pfefferkuchenmann.

Wär' ich nur nicht solch Leckerschnut
und könnte widerstehn,
dann wär' ja alles schön und gut,
wär' alles gut und schön.
Wie wohl Korinthen schmecken?
Sind Mandeln ein Genuß?
Ich will ganz schnell mal lecken
am süßen Zuckerguß.

Und steht der Baum im Kerzenlicht,
und ist es dann soweit –
Da fehlt doch wer, der sieht das nicht,
nun tut's mir selber leid.
Vernascht sind die Korinthen,
die Mandeln drum und dran.
Er ist nicht mehr zu finden
der Pfefferkuchenmann.

Erika Engel

Mir ist das Herz
so froh erschrocken

Weihnachtsstimmung, Vorfreude

55 Weihnachten

Markt und Straßen stehn verlassen,
still erleuchtet jedes Haus,
sinnend geh ich durch die Gassen,
alles sieht so festlich aus.

An den Fenstern haben Frauen
buntes Spielzeug fromm geschmückt,
tausend Kinder stehn und schauen,
sind so wunderstill beglückt.

Und ich wandre aus den Mauern
bis hinaus ins freie Feld,
hehres Glänzen, heil'ges Schauern!
Wie so weit und still die Welt!

Sterne hoch die Kreise schlingen,
aus des Schnees Einsamkeit
steigt's wie wunderbares Singen –
o du gnadenreiche Zeit!

Joseph von Eichendorff

56 Die liebe Weihnachtszeit

Vom Himmel in die tiefsten Klüfte
ein milder Stern herniederlacht;
es brennt der Baum, ein süß Gedüfte
durchschwimmet träumerisch die Lüfte,
und kerzenhelle wird die Nacht.

Mir ist das Herz so froh erschrocken,
das ist die liebe Weihnachtszeit!
Ich höre fernher Kirchenglocken
mich lieblich heimatlich verlocken
in märchenstille Einsamkeit.

Ein frommer Zauber hält mich wieder,
anbetend, staunend muß ich stehn;
es sinkt auf meine Augenlider
ein goldner Kindertraum hernieder.
Ich fühl's: ein Wunder ist geschehn.

Theodor Storm

57 Verse zum Advent

Noch ist Herbst nicht ganz entflohn,
aber als Knecht Ruprecht schon
kommt der Winter hergeschritten,
und alsbald aus Schnees Mitten
klingt des Schlittenglöckleins Ton.

Und was jüngst noch, fern und nah,
bunt auf uns herniedersah,
weiß sind Türme, Dächer, Zweige,
und das Jahr geht auf die Neige
und das schönste Fest ist da!

Tag du der Geburt des Herrn,
heute bist du uns noch fern,
aber Tannen, Engel, Fahnen
lassen uns den Tag schon ahnen,
und wir sehen schon den Stern.

Theodor Fontane

58 Es treibt der Wind im Winterwalde

Es treibt der Wind im Winterwalde
die Flockenherde wie ein Hirt,
und manche Tanne ahnt, wie balde
sie fromm und lichterheilig wird,
und lauscht hinaus, den weißen Wegen
streckt sie die Zweige hin, bereit –
und wehrt dem Wind und wächst entgegen
der einen Nacht der Herrlichkeit.

Rainer Maria Rilke

59 Advent

Der erste Schnee weht übers Land,
weiß ist und still der Flockenfall,
ums Haus der Abendnebel zieht
und leis klingt erstes Krippenlied.
Gottvater legt den Weltenball
in eines jungen Kindes Hand.

O Unschuld, die ihn lächelnd hält.
Den bunten Ball, bewahr ihn gut,
lösch aus den Brand, wisch ab das Blut,
gib, ewig-junges Angesicht,
uns neuen Mut mit neuem Licht,
und wieg in deiner Hände Hut
zur Ruh die aufgestörte Welt.

Agnes Miegel

60 Weihnacht

Es blüht der Winter im Geäst
und weiße Schleier fallen.
Einsam erfriert ein Vogelnest.
Wie vormals läßt das Weihnachtsfest
die Glocken widerhallen.

Es neigt sich über uns der Raum,
darin auch wir uns neigen.
Es glänzt der Kindheit Sternentraum.
Ein neuer Stern blinkt hoch am Baum
und winkt aus allen Zweigen.

Johannes R. Becher

61 Was bringt der Dezember?

Den Schnee.
Im Schnee die Spur von Fuchs und Reh.
Den Schlittschuhlauf, den zugefrornen See.
Erhitzten Wein und sanften Fencheltee
für Brust- und Muskelweh.

Der Sterne kalten Schein.
Sankt Nikolaus, die Rodelfahrt am Rain.
Das stille Buch, hungriges Rabenschrein.
Am Hoftor hängt das aufgeschlitzte Schwein.
Das wunderbare Schnei'n.

Schiläuferspur.
Die Wintermärchen träumen auf der Flur.
Die Katze sucht die Ofenwärme nur.
Das leise Spiel der Kinderuhr.
Wunschzettel an der Schnur.

Den scharfen Morgenwind.
Rauhreif die Wälder überspinnt.
Eisblumen machen Fensterscheiben blind.
Lebkuchen duften aus dem Spind.
Vorm Schlüsselloch das Kind.

Die Schneeballschlacht.
Den Eisgang, der am Brückenpfeiler kracht.
Den Christbaummarkt. Der Abendröte Pracht.
Die Krippe, bauernfarbenhold gemacht.
Die Weihnachtsnacht.

Anton Schnack

62 Vorfreude auf Weihnachten

Ein Kind — von einem Schiefertafel-Schwämmchen
umhüpft — rennt froh durch mein Gemüt.
Bald ist es Weihnacht! Wenn der Christbaum blüht,
dann blüht er Flämmchen.
Und Flämmchen heizen. Und die Wärme stimmt
uns mild. — Es werden Lieder, Düfte fächeln. —

Wer nicht mehr Flämmchen hat,
wem nur noch Fünkchen glimmt,
wird dann doch gütig lächeln.
Wenn wir im Traume eines ewigen Traumes
alle unfeindlich sind — einmal im Jahr! —
uns alle Kinder fühlen eines Baumes.
Wie es sein soll, wie's allen einmal war.

Joachim Ringelnatz

63 In Weihnachtszeiten

In Weihnachtszeiten reis' ich gern
und bin dem Kinderjubel fern
und geh' in Wald und Schnee allein.
Und manchmal, doch nicht jedes Jahr,
trifft meine gute Stunde ein,
daß ich von allem, was da war,
auf einen Augenblick gesunde
und irgendwo im Wald für eine Stunde
der Kindheit Duft erfühle tief im Sinn
und wieder Knabe bin...

Hermann Hesse

64 Kinder vor einem weihnachtlichen Schaufenster

So war es, wenn sie träumten, so wie dies,
so still und fern und doch so seltsam nah.
Nur daß der Traum sie allzubald verließ,
dies Holde aber ist noch immer da.

Ein Rad mit Flügeln hält sich in Bewegung,
darunter zwei verzierte Kerzen glühn,
und zwischen ihnen gleitet ohne Regung
ein Hirt im Kreis herum mit seinen Küh'n.

Der König Nußknacker, bereit zum Bisse,
rollt seine Augen vor Begier und Groll.
Und Puppen blicken groß ins Ungewisse
und lächeln um den Mund geheimnisvoll.

Ein Hauptmann, der vor dem Soldatenvolke
gezückten Degens auf dem Brettchen steht,
ein Segelschiff, das unter einer Wolke
von Goldlicht schweigend in die Ferne weht,

und Harlekins an langen Flitterschnüren
und Weihnachtskugeln, die den Schwebeglanz
der Welt gespiegelt da- und dorthin führen
und obendrein ein leichter Engeltanz...

so war es manchmal, wenn sie träumten, auch.
Sie staunen sinnender in das Geblitz,
als ahnten sie, daß immer doch der Hauch
der Sehnsucht süßer ist als der Besitz.

Manfred Hausmann

65 Anzündet die Kerzen

Anzündet die Kerzen
am reisigen Kranz,
im festlichen Glanz
bereitet die Herzen!

O liedfrohe Stunden
voll ewiger Sicht!
Wir haben zum Licht,
zur Liebe gefunden!

Aufjubelt der Stern
in leidvoller Nacht.
Nun halt uns die Wacht,
du Bote des Herrn!

Albert Bartsch

66 Auf einen Christbaum

Du bist gewachsen, Baum,
oben am Wald,
du fühltest wie im Traum:
meine Krone wird nicht alt.

Und dann der Schnitt, der dich
vom Stamm getrennt,
sie trugen, schmückten dich,
die erste Kerze brennt.

Die zweite... Kerzen viel.
Ein Lied geht durch den Raum.
Du bist an deinem Ziel.
Du leuchtest, Baum!

Bernt von Heiseler

67 Zum vierten Advent

Bald mündet in schimmernde Nächte
das alte hinsterbende Jahr.
Gott macht sich uns wieder zum Knechte,
bringt sich im Kinde uns dar.

Welt, wehr dich solch güldener Gabe
nicht länger in tödlichem Tanz!
Du trügest dich selber zu Grabe
und stürbest am seligsten Glanz.

Darfs Weihnacht werden im Jammer
der alles zermalmenden Zeit,
so mach auch die dunkelste Kammer
zum Wunder der Weihnacht bereit!

Wilhelm Horkel

68   Mahnung zum Advent

    Sieh zu, daß deine Lampe brennt,
    damit der Bräutgam dich erkennt,
    und heb' das Haupt empor!
    Wie bald schon blickt das Hochzeitshaus
    mit goldnen Fenstern nach dir aus
    und öffnet dir das Tor.

    Die Nacht rückt vor. Der Schlaf sinkt schwer
    herab. Die Lampe brennt nicht mehr,
    der Herr verzieht sehr lang.
    Und wir, auf uns allein gestellt,
    wir fürchten uns in dieser Welt
    vor ihrem Untergang.

    Bist du nur ein Gefäß des Lichts,
    so tun die Schatten des Gerichts
    der Hoffnung nichts zuleid.
    Advent! Es kommt, der kommen soll,
    die Zeit steht schon geheimnisvoll
    im Zeichen seiner Zeit.

    Lotte Denkhaus

Erfüllung, Anbetung

Die frohe Botschaft ist gesagt

Erfüllung, Anbetung

69 Christi Geburt

> Auf! Der Tag ist angebrochen,
> den viel tausend Jahr' begehrt!
> Was der Höchste teur versprochen,
> wird uns Armen nun beschert.
> Dieser Tag ists, jauchzt und lachet,
> den der Herr hat selbst gemachet.
>
> Gott wird heut ein Mensch und bleibet,
> was er war in Ewigkeit;
> was er nicht war, das verleibet
> er ihm selbst in dieser Zeit.
> Der zu Kindern uns erkoren,
> wird heut als ein Kind geboren.
>
> Dir sei ewig Dank und Ehre!
> Dir sei ewig Lob und Ruhm!
> Herr der Herren, Herr! erhöre
> dein erquicktes Eigentum,
> das in dieses Lebens Schranken
> nimmermehr dir satt kann danken!
>
> Andreas Gryphius

70 Hymne

In Ost und West, in Süd und Nord
klingt jubelnd unser Freudenwort.
Christus hat sich zu uns gesellt,
Maria schenkt ihn aller Welt.

Der Herr aus göttlichem Geschlecht
wird unser Bruder, unser Knecht;
wir, eingefleischt in Sünd und Schuld,
genießen seine Kreuzeshuld.

O Wunder: uns geborn ein Kind,
ein himmlisches, mehr als ein Kind!
Glücklich gepriesner Mutterschoß,
der ihn geboren fleckenlos!

So sagts das Evangelium:
Mariens Leib ein Heiligtum,
Gott selbst sich diesen Leib erschuf.
Die Jungfrau glaubt des Engels Ruf.

Johannes hat ihn prophezeit
und Gabriel sagt' ihr Bescheid.
Was Gottes Rat vor Zeit erdacht,
Maria uns zur Welt gebracht.

Auf kargem Stroh der Knabe liegt,
von Ochs und Esel zart umschmiegt.
Der selber arm, uns Armen gleich,
macht alle durch sein Kommen reich.

Da jubelt wohl der Engel Chor.
Er sucht und findet Gottes Ohr.
Der Schöpfer aller Dinge wird
dem Erdenkreis der Gute Hirt.

Aus dem Lateinischen von Wilhelm Horkel

71 Fern im Osten wird es helle

Fern im Osten wird es helle,
graue Zeiten werden jung.
Aus der lichten Farbenquelle
einen langen tiefen Trunk!
Alter Sehnsucht heilige Gewährung,
süße Lieb' in göttlicher Verklärung!

Endlich kommt zur Erde nieder
aller Himmel sel'ges Kind,
schaffend im Gesang weht wieder
um die Erde Lebenswind,
weht zu neuen ewig lichten Flammen
längst verstiebte Funken jetzt zusammen.

Überall entspringt aus Grüften
neues Leben, neues Blut;
ew'gen Frieden uns zu stiften,
taucht er in die Lebensflut,
steht mit vollen Händen in der Mitte,
liebevoll gewärtig jeder Bitte.

Unser ist sie nun geworden:
Gottheit, die uns oft erschreckt,
hat im Süden und im Norden
Himmelskeime rasch geweckt,
und so laßt im vollen Gottesgarten
treu uns jede Knosp' und Blüte warten.

Novalis

72 Heilige Nacht

Der Mensch war Gottes Bild.
Weil dieses Bild verloren,
wird Gott, ein Menschenbild,
in dieser Nacht geboren.

Andreas Gryphius

73 Weihnachtslied

Kein Sternchen mehr funkelt,
tief nächtlich umdunkelt
lag Erde so bang;
rang seufzend mit Klagen
nach leuchtenden Tagen –
ach! Harren ist lang.

Als plötzlich erschlossen,
vom Glanze durchschossen
der Himmel erglüht:
es sangen die Chöre
Gott Preis und Gott Ehre!
Erlösung erblüht.

Es sangen die Chöre:
Dem Höchsten sei Ehre!
Dem Vater sei Preis
und Friede hienieden,
ja Frieden, ja Frieden
dem ganzen Erdkreis!

Clemens Brentano

74 Geburt Christi

Hättest du der Einfalt nicht, wie sollte
dir geschehn, was jetzt die Nacht erhellt?
Sieh, der Gott, der über Völkern grollte,
macht sich mild und kommt in dir zur Welt.

Hast du dir ihn größer vorgestellt?

Was ist Größe? Quer durch alle Maße,
die er durchstreicht, geht sein grades Los.
Selbst ein Stern hat keine solche Straße.
Siehst du, diese Könige sind groß,

und sie schleppen dir vor deinen Schoß

Schätze, die sie für die größten halten,
und du staunst vielleicht bei dieser Gift – :
aber schau in deines Tuches Falten,
wie er jetzt schon alles übertrifft.

Aller Amber, den man weit verschifft,

jeder Goldschmuck und das Luftgewürze,
das sich trübend in die Sinne streut:
alles dieses war von rascher Kürze,
und am Ende hat man es bereut.

Aber (du wirst sehen): ER erfreut.

Rainer Maria Rilke

75 Nacht der Hirten

Es lagen im Felde die Hirten bei Nacht,
die haben gefroren und haben gewacht.
Die waren wohl hungrig, die waren wohl müd,
wie's heut noch Hirten im Felde geschieht.

Da scholl in den Lüften das Jubelgeschrei,
sie hörten's und kamen voll Freude herbei,
vergaßen den Schlummer, verschmerzten die Pein,
und drangen zum Stall und zur Krippe hinein.

Und was sie gesehen, wir sehen es heut,
und alle, die's sehen, sind selige Leut,
sind selig und fröhlich und gehn mit Gesang
und sagen dem Kinde Lob, Ehre und Dank.

Die himmlischen Chöre, sie singen wohl hell,
viel heller denn Menschen. Doch komm nur, Gesell,
die Kehle gewetzt und die Stimme geprobt:
wer nimmer gesungen – heut singt er und lobt!

Die himmlischen Sterne sind alle Nacht schön,
doch heute blickt einer aus himmlischen Höhn,
der zeigt uns den Weg, und wir folgen geschwind
und segnen die Mutter und grüßen ihr Kind.

Rudolf Alexander Schröder

76 Herr, mein Gott, ich kann's nicht fassen

Herr, mein Gott, ich kann's nicht fassen,
daß du Mensch geworden bist,
dich ins Fleisch herabgelassen
in dem Einen: Jesus Christ.

Daß zum Heil der Schuldverfluchten
du die arme Hülle nahmst
und, die dich vergeblich suchten,
suchtest, selbst zu ihnen kamst.

Nicht begreifen, nur anbeten
kann ich Mensch die Gottestat,
sinnend an die Krippe treten,
drin Gott selbst gelegen hat.

Nicht begreifen, nein, nur danken
will ich, weil das Licht nun scheint,
weil die Liebe ohne Schranken
mit der Welt auch mich gemeint,

und ich mit den ärmsten Armen
dess' mich nun getrösten darf,
der sein grenzenlos Erbarmen
zu uns in den Abgrund warf.

Ausgeschüttet ohne Maßen
hat sich Gott in Jesus Christ.
Es geschah. Wir aber fassen
nicht, was uns geschehen ist.

Arno Pötzsch

77 Maria und ihr Kind

O süße Mutter,
die Nacht ist schwer.
Gestöber saust
vom Meere her.

Du tränkst den Knaben
und blickst ins Licht
der stummen Kerze.
Du neigst dich dicht

dem kleinen Atem. –
Der Engel sprach.
Die Magier knieten.
Dem sinnst du nach.

Durch deinen Schoß
ging in die Welt
der Ein-Geborne,
der alles erhellt.

Den schon vor alters
auf großem Thron
Propheten sahn. –
Das Wort, der Sohn.

Laß mich ins Auge
dem Kindlein schaun,
eh ich aufbreche
in Tod und Graun.
Maria, süße Mutter!

Karl Thylmann

78 Nun werde hell, du dunkle Welt

Nun werde hell, du dunkle Welt.
Der Stern steht überm Hirtenfeld.
Der Morgen aller Morgen tagt,
die frohe Botschaft ist gesagt.

Die Botschaft heißt: Fürchtet euch nicht!
Erschienen ist das Gotteslicht.
Dem Erd und Himmel sind zu klein,
der ging in unsre Armut ein.

Fragst du, warum er solches tut?
Er tat es unsrer Schuld zugut.
Damit wir werden reich und groß,
wohnt er im Stalle namenlos.

Was erst der Väter Hoffen war,
wird allem Weltkreis offenbar.
Da steht der Stern. Brennt jetzt und hier!
Des jauchze Engel, Mensch und Tier!

Rudolf Otto Wiemer

Du bist es, der uns hält

Trost, Hoffnung

79 Die Weihe der Nacht

Nächtliche Stille!
Heilige Fülle,
wie von göttlichem Segen schwer,
säuselt aus ewigen Fernen daher.

Was da lebte,
was aus engem Kreise
auf ins Weiteste strebte,
sanft und leise
sank es in sich selbst zurück
und quillt auf in unbewußtem Glück.

Und von allen Sternen nieder
strömt ein wunderbarer Segen,
daß die müden Kräfte wieder
sich in neuer Frische regen,
und aus seinen Finsternissen
tritt der Herr, so weit er kann,
und die Fäden, die zerrissen,
knüpft er alle wieder an.

Friedrich Hebbel

80 Weihnacht

Laßt die Tore nun verschließen,
vor den Toren steht die Zeit.
Will sie bleiben oder fliehen:
uns laßt vor der Krippe knien,
still ruht hier die Ewigkeit.

Vor den Fenstern glänzt's wie Waffen,
glänzt Herodes auf dem Thron,
doch hier brennen still die Kerzen,
und die Jungfrau kniet in Schmerzen
lächelnd vor dem jungen Sohn.

Vor den Fenstern lärmen Knechte,
doch hier knien die Hirten stumm,
still dreht sich die Sternennabe,
Joseph lehnt an seinem Stabe,
Ochs und Esel stehn herum.

Heute wie vor tausend Jahren
ist des Herzens Heimat fern,
Trommeln dröhnen vor den Toren,
doch uns ist ein Kind geboren –
und am Himmel strahlt der Stern.

Ernst Wiechert

81 Christnacht

Du kommst noch heut in diese Welt
und ihre Dunkelheit
und bist es, Christ, der sie erhellt
und selbst ihr Dunkel weiht:

Seit Du im Kripplein auf der Streu
gelegen, wird das Licht,
das von Dir ausgeht, immer neu
und läßt uns Menschen nicht.

Ja, Christ und Herr, Du läßt uns nicht,
und werden untreu wir,
Du strahlst uns weiter aus Dein Licht
und ziehst uns selbst zu Dir.

Denn wir nicht, wir nicht halten Dich.
Du bist es, der uns hält.
An Deiner Macht verrechnen sich
Sünd, Teufel und die Welt.

Drum, nimmt man uns den Lichterbaum –
die Krippe bleibt uns noch.
Und nähm man den geweihten Raum –
Du, Jesus, bleibst uns doch!

Und wäre alles Erdenlicht
hinweggelöscht von hier,
im Herzen, das Du zugericht',
ist Leuchten für und für.

Drum bleib bei uns! Dann wird uns klar
und hell die dunkle Zeit
wie, da Dich pries der Engel Schar,
Du Kind der Ewigkeit.

Otto von Taube

82 Maria mit dem Kind

Wir flehen in Tränenfluten
zur Mutter mit dem Kind,
der Reinen und dem Guten,
daß sie uns Schützer sind.
Denn ohne sie kann keiner
hier und dort gedeihn
und widerspricht dem einer,
so kann's ein Tor nur sein.

Walther von der Vogelweide

83 Trost der Welt

Stern und Engel, Hirten und die Weisen
künden uns das Große, das geschah.
Und wir loben, danken und wir preisen,
Gott ist nah!

Weg von Trauer, Jammer und Beschwerde
wenden wir das schmerzliche Gesicht,
Brüder, über alle Nacht der Erde
ist es Licht!

Keiner ist verlassen und verloren.
Wer da glaubt, weil seine Hand ihn hält,
der Erretter ist für uns geboren!
Trost der Welt.

Dietrich Bonhoeffer

84 Anbetung des Kindes

Als ein behutsam Licht
stiegst du von Vaters Thron.
Wachse, erlisch uns nicht,
Gotteskind, Menschensohn!

Sanfter, wir brauchen dich.
Dringender war es nie.
Bitten dich inniglich,
dich und die Magd Marie –

König wir, Bürgersmann,
Bauer mit Frau und Knecht:
Schau unser Elend an!
Mach uns gerecht!

Gib uns von deiner Güt'
nicht bloß Gered und Schein!
Öffne das Frostgemüt!
Zeig ihm des andern Pein!

Mach, daß nicht allerwärts
Mensch wider Mensch sich stellt.
Führ das verratene Herz
hin nach der schönern Welt!

Frieden, ja ihn gewähr
denen, die willens sind.
Dein ist die Macht, die Ehr',
Menschensohn, Gotteskind.

Josef Weinheber

85 Weihnachten

So dunkel war die Nacht noch nicht,
der Himmel ohne Stern und Licht,
die Welt so ohne Freudenschein,
das Herz in Trauer so allein.
Und als die Nacht am tiefsten war,
das Herz am allerbängsten,
rief Gott durch seine Engelschar
die Welt aus ihren Ängsten.

So ward der Himmel nie erhellt,
noch nie so licht die weite Welt,
so ward der Erdkreis nie erneut,
das Menschenherz noch nie erfreut.
Aus Gottes Lieb in heiliger Nacht
ist uns ein Kind geboren!
Dies Kind hat Gottes Licht gebracht
der Welt, die ganz verloren.

Welt, dir ist wunderlich geschehn!
Mein Herz, heb an, es auch zu sehn!
Ihr Augen, schaut, was Gott getan!
Du Erde, sieh und bete an!
Das Licht scheint in der Finsternis,
muß Raum und Zeit durchdringen!
Und keine Macht, das ist gewiß,
kann dieses Licht bezwingen!

Arno Pötzsch

86 Blick nach Bethlehem

War der Herr beim Hirtenfeld
Bethlehem umsonst geboren?
Hat die wirre wüste Welt
allen holden Schein verloren?
Dies Jahr so gnadenlos
mit allen seinen Scherben –
auch es darf endlich sterben,
hinfahr'n in Gottes Schoß.

Dennoch! Durch den Zank der Zeit
such den Weg zu seiner Krippe,
öffne du, umstellt vom Leid,
deinem Heiland Herz und Lippe!
Vor Ihm ists nie genug,
wenn Kinder fröhlich singen –
du darfst und sollst Ihm bringen
auch deinen Tränenkrug.

Schauen zweimal tausend Jahr',
schauen Volk um Volk die Frommen
auf dies Kripplein wunderbar,
darin Er zu uns gekommen.
Des Unheils Woge schwillt.
O Tröstung im Elende:
wenn alles Licht verschwände –
Gott gab sein Ebenbild.

Gegen allen Augenschein
geh entlang an jenem Strahle,
laß ihn deine Leuchte sein
über unsrem finstern Tale.
Volk Gottes, traue dem,
der Herr ist aller Herren,
laß dir durch nichts versperren
den Blick nach Bethlehem!

Wilhelm Horkel

87 Weihnachtsgruß

Ausgelöscht ist alle Ferne,
Brüder in der Einsamkeit!
Aus dem Übermaß der Sterne
tritt der Stern, der uns befreit.
Der den Hirten und den Weisen
gleichermaßen glüht und brennt
und, derweil die Jahre kreisen,
aller Menschen Mühsal kennt.

Ewig ist er aufgegangen,
ewig über Welt und Zeit,
ewig tröstet er das Bangen,
Bruder, deiner Menschlichkeit.
Ewig leuchtet er dem Hoffen
mitten in der Mitternacht.
Ewig ist der Himmel offen,
den die Liebe aufgemacht.

Wandrer sind wir allerweilen,
hier beisammen, dort allein,
müssen rasten, müssen eilen,
auch im Schlummer wachsam sein –
haben Sehnsucht, unermeßne,
nach der heimatlichen Stadt,
da der Friede, längst vergeßne
Speis und Trank und Wohnung hat.

Glücklich, wer im Sternenbogen
Gottes lichte Engel sieht!
Gottes Wort hat nicht getrogen,
nicht der Engel hohes Lied.
Staune nicht der Finsternisse!
Aus dem Leide wird das Licht,
und das ewig Ungewisse
wandelt sich in Zuversicht!

Niemand sei dem Segen ferne,
niemand sei vor Bangen stumm,
heilig wie die Glut der Sterne
brennt das Evangelium.
Laßt uns durch die Nächte gehen,
Gottgerufen du und ich!
Wo wir an der Krippe stehen,
ist die Erde heimatlich!

Siegbert Stehmann

88 Der Heilige Christ

Wir suchen dich nicht,
wir finden dich nicht.
Du suchst und findest uns,
ewiges Licht.

Wir lieben dich wenig.
Wir dienen dir schlecht.
Du liebst und du dienst uns,
ewiger Knecht.

Wir eifern im Unsern
am selbstischen Ort,
du mußt um uns eifern,
ewiges Wort.

Wir können dich, Kind
in der Krippe, nicht fassen.
Wir können die Botschaft nur
wahr sein lassen.

Albrecht Goes

89 Weihnachtslitanei

Wir grüßen dich,
Herr Jesu Christ,
im Haus, da keine
Herberg ist.
Wünscht jeder sich
bei dir zu Gast
im Stall, der deine
Krippe faßt.

Im Stalle klar
entbrannt' das Licht;
Welt kennt solch Funkeln
wahrlich nicht:
Licht offenbar
und doch verhehlt;
sie hat im Dunkeln
sein verfehlt.

Das Licht schien in
die Dunkelheit,
die nicht vernommen
ihre Zeit.
Doch wessen Sinn
dein Leuchten trank,
weiß deinem Kommen
ewig Dank.

Die Nacht bricht ein
auf finstrem Pfad,
doch stärkt die Wandrer
deine Gnad.
Ihr Widerschein
macht uns getrost,
hat nie kein andrer
mehr erlost.

Die Welt ist wüst
und schwer die Fahrt,
Herr, schenk uns deine
Gegenwart,
und sei gegrüßt,
o Jesu Christ,
im Haus, da keine
Herberg ist.

Rudolf Alexander Schröder

90 Weihnachtschoral

Jahr, dein Haupt neig!
Still abwärts steig!
Dein Teil ist bald verbrauchet.
So viel nur Lust
noch darleihn mußt,
als uns ein Tannenzweiglein hauchet.

Herz, werde groß!
Denn namenlos
soll Lieb' in dir geschehen.
Welt, mach dich klein!
Schließ still dich ein!
Du sollst vor Kindesaug' bestehen!

Max Mell

91 Wir harren, Christ

Wir harren, Christ, in dunkler Zeit;
gib deinen Stern uns zum Geleit
auf winterlichem Feld!
Du kamest sonst doch Jahr um Jahr,
nimm heut auch unsrer Armut wahr
in der verworrnen Welt!

Es geht uns nicht um bunten Traum
von Kinderlust und Lichterbaum;
wir bitten, blick uns an
und laß uns schaun dein Angesicht,
drin jedermann, was ihm gebricht,
gar leicht verschmerzen kann.

Es darf nicht immer Friede sein;
wer's recht begreift, ergibt sich drein.
Hat jedes seine Zeit.
Nur deinen Frieden, lieber Herr,
begehren wir je mehr und mehr,
je mehr die Welt voll Streit.

Rudolf Alexander Schröder

Gedenken wir auch an dein Leid

Krippe und Kreuz

92 Marien Antwort

Maria, nun sage mir gleich,
wo hast du dein Kindelein liegen?
Auf Polstern, geglättet und weich
und wiegst es in güldener Wiegen?

Wo wird es gehegt und gepflegt
von Engeln mit Sang und mit Schalle?
„Ich hab's in die Krippe gelegt
beim Ochsen und Esel im Stalle."

Maria, wo find ich den Thron
des Herrn, den du selig geboren,
dem Fürsten mit Szepter und Kron'
sich huldig zu eigen geschworen?

Umstehn ihn gerüstet und stolz
die Reisigen all und die Streiter?
„Blick um dich! Da hängt er am Holz.
Blick in dich und frage nicht weiter."

Rudolf Alexander Schröder

93 Abendmahlslied zu Weihnachten

Mein Gott, Dein hohes Fest des Lichtes
hat stets die Leidenden gemeint,
und wer die Schrecken des Gerichtes
nicht als der Schuldigste beweint,
dem blieb Dein Fest noch tief verhüllt
und Deine Weihnacht unerfüllt.

Die ersten Zeugen, die Du suchtest,
erschienen aller Hoffnung bar.
Voll Angst, als ob Du ihnen fluchtest,
und elend war die Hirtenschar.
Den Ärmsten auf verlaßnem Feld
gabst Du die Botschaft an die Welt.

Die Feier ward zu bunt, zu heiter,
mit der die Welt Dein Fest begeht.
Mach uns doch für die Nacht bereiter,
in der Dein Stern am Himmel steht,
und über Deiner Krippe schon
zeig uns Dein Kreuz, Du Menschensohn.

Herr, daß wir Dich so nennen können,
präg unserm Herzen heißer ein.
Wenn unsre Feste jäh verrönnen,
muß jeder Tag noch Christtag sein.
Wir preisen Dich in Schmerz, Schuld, Not
und loben Dich bei Wein und Brot.

Jochen Klepper

94 Weihnachts-Kyrie

Du Kind, zu dieser heilgen Zeit
gedenken wir auch an dein Leid,
das wir zu dieser späten Nacht
durch unsre Schuld auf dich gebracht,
Kyrie eleison!

Die Welt ist heut voll Freudenhall.
Du aber liegst im armen Stall.
Dein Urteilsspruch ist längst gefällt,
das Kreuz ist dir schon aufgestellt.
Kyrie eleison!

Die Welt liegt heut im Freudenlicht.
Dein aber harret das Gericht.
Dein Elend wendet keiner ab.
Vor deiner Krippe gähnt das Grab.
Kyrie eleison!

Die Welt ist heut an Liedern reich.
Dich aber bettet keiner weich
und singt dich ein zu lindem Schlaf.
Wir häuften auf dich unsre Straf'!
Kyrie eleison!

Wenn wir mit dir einst auferstehn
und dich von Angesichte sehn,
dann erst ist ohne Bitterkeit
das Herz uns zum Gesange weit!
Kyrie eleison!

Jochen Klepper

95 Mit Beginn des Kirchenjahres

Der du die Welt erschaffen hast,
kommst Jahr um Jahr, wirst unser Gast.

Und Jahr um Jahr heißt's überall:
für uns das Haus, für ihn den Stall.

Und Jahr um Jahre führt der Pfad
von Bethlehem zur Schädelstatt.

Der Jahr um Jahr ihn kundgetan –
begreift der Engel Gottes Plan?

Begreift der Wirt, ihm kommt zugut
des fremden Gasts vergossen Blut?

Begreife, wer begreifen kann.
Wir knien im Staub, wir beten an.

Rudolf Alexander Schröder

96 Altes Bild

Maria wiegt das Jesuskind,
sehr leise streicht herein der Wind.

Die Ochs und Schäflein schlafen all.
Ein Kerzenflämmlein glimmt im Stall

und tastet an den Wänden auf.
Zwei Balken schieben sich zuhauf.

Ein Kreuz steht überm Jesuskind.
Sehr leise klagt herein der Wind.

Ludwig Bäte

97 Flucht nach Ägypten

Nicht
Ägypten
ist
Fluchtpunkt
der Flucht.

Das Kind
wird gerettet
für härtere Tage.

Fluchtpunkt
der Flucht
ist
das Kreuz.

Kurt Marti

98 Weihnachtslied

Ich kam nach Bethlehem. Du warst schon fort.
Ich lief, verfolgt vom Lachen und vom Drohen
der Henkersknechte, durch den kleinen Ort
und fand Dich nicht. Du warst geflohen.

So ging ich nach Ägypten; folgte Dir.
Ich wollte nicht. Ich mußte; war gefangen.
Du warst nicht dort. Ein Fremder sagte mir:
„Er ist nach Nazareth gegangen!"

Nach Galiläa kam ich, müd vom Reisen.
„Er ist am See! Er heilt und er erzählt Geschichten dort!"
Ich eilte, hörte Deinen Namen preisen
von tausend Menschen. Doch Du warst schon fort.

Ich fragte. Alle hatten Dich gesehen,
nur ich noch nicht. Des langen Suchens satt
und müde von dem Fragen und dem Gehen
zog ich im Frühjahr in die Davidsstadt.

Ich kam nach Golgatha mit Groll im Herzen.
Doch wenn ich mich des Suchens auch verflucht:
es trieb mich doch zu Dir mit meinen Schmerzen.
Du warst schon tot.
Man sagte mir, Du habest mich gesucht.

Werner Laubi

99 Weihnachtslied

    Eine Streu von Stroh
    Eine Wand von Wind
    Eine Woge als Wiege
    Ein Kind

    Ein Schwamm voll Essig
    Eine Kammer voll Gas
    Eine Waage am Wege
    Eine Grube im Gras

    Eine Gasse voll Dirnen
    Eine Gosse voll Wut
    Eine Stirne voll Dornen
    Eine Mutter voll Blut

    Eine Streu von Stroh
    Eine Wand von Wind
    Eine Woge als Wiege
    Ein Kind

    Erich Fried

100 Österliche Weihnacht

er war da
und hat gelebt
und hat gezeigt
was Leben bedeutet
er hat den Tod überwunden
in immerwährender Auferstehung

er ist also auferstanden
und ersteht auf

Advent
warum eigentlich noch warten
wir können anfangen
auferstehen lassen
auferstehen lassen
Liebe Gottes auferstehen lassen
vielleicht lassen wir
die Geschenke in den Geschäften
vielleicht verschenken wir uns selbst
mit Haut und Haaren
auferstehen lassen
auferstehen lassen

sage keiner
ein solcher Aufstand
sei keine Neugeburt
kein Grund zum Fest

fröhliche Weihnacht
schöne Auferstehung

Peter Frey

101 Danach

Maria spricht kein einziges Wort,
ruht blaß auf ihrem Lager dort.

Herr Joseph bettet müde sich
ins Stroh und schlummert väterlich.

Das Kind in seiner Krippe liegt,
geduldig an das Holz geschmiegt.

Auch Ochs und Esel halten Ruh,
Nachtfalter flattern ab und zu.

Verloren ist der Engel Spur,
verlassen liegen Stall und Flur.

Die Könige sind heimgekehrt,
so ruhn auch Krone, Schild und Schwert.

Am Feuer schlafen Hirt und Hund,
die Herde weidet ihren Grund.

Der Stern der Sterne – er verblich.
Die kleinen Lichter sammeln sich.

Der Mond blickt still auf Bethlehem.
Und alles ist wie ehedem.

Nur daß ein neugebornes Kind
den schweren Weg zum Kreuz beginnt.

Kurt Ihlenfeld

102 Womit hat es angefangen?

Womit hat es angefangen?
Nicht mit Hirten auf dem Felde,
nicht mit Engeln, die da sangen –
mit dem Mann aus Nazareth.

Er begann mit dreißig Jahren
Gottes Herrschaft zu verkünden.
Seine Wundertaten waren
Zeichen und Bestätigung.

Viele horchten auf und kamen,
und er lehrte sie das Leben.
Und sie glaubten seinem Namen,
als er starb und auferstand.

Und in österlichem Lichte
gaben sie die Kunde weiter
und erzählten die Geschichte
der Geburt zu Bethlehem.

Detlev Block

Wißt ihr noch,
wie es geschehen?

*Die Weihnachtsgeschichte –
der Bibel nacherzählt*

103 Gesegnet sei die heilge Nacht

Gesegnet sei die heilge Nacht,
die uns das Licht der Welt gebracht!
Wohl unterm lieben Himmelszelt
die Hirten lagen auf dem Feld.
Ein Engel Gottes, licht und klar,
mit seinem Gruß tritt vor sie dar.
Vor Angst sie decken ihr Angesicht.
Da spricht der Engel: „Fürchtet euch nicht!
Denn ich verkünd euch große Freud:
der Heiland ist geboren heut!"
Vom Himmel hoch der Engel Heer
frohlockt: „Gott in der Höh sei Ehr!"
Da gehn die Hirten hin in Eil',
zu schaun mit Augen das ewge Heil,
zu singen dem süßen Gast Willkomm,
zu bringen ihm ein Lämmlein fromm.
Bald kommen auch gezogen fern
die Heilgen Drei Könige mit ihrem Stern.
Sie knien vor dem Kindlein hold,
schenken ihm Myrrhen, Weihrauch, Gold.

Eduard Mörike

104 Es kam die gnadenvolle Nacht

Es kam die gnadenvolle Nacht,
wie leuchtete des Mondes Pracht;
wie glitzerte der Sterne Schar,
als Jesus Christ geboren war.
Gelobt sei Jesu Christ.

Froh jubelte der Engel Heer,
Gott hoch im Himmel, Gott sei Ehr',
und Fried' und Freud' und Seligkeit
herrsch' auf der Erde weit und breit.
Gelobt sei Jesu Christ.

Auf goldnen Wolken sangen so
die Engel Gottes, himmelfroh,
und hoch beglückt und hoch entzückt
hat sie der Hirten Schar erblickt.
Gelobt sei Jesu Christ.

Die hocherfreuten Hirten gehn,
in Windeln Gottes Sohn zu sehn,
erblicken in der Krippe ihn
und sinken auf die Knie hin.
Gelobt sei Jesu Christ.

Und wer das holde Knäblein sah,
war froh und sprach: Der Herr ist da!
Es kommt sein gnadenvolles Reich:
Welch Kind ist diesem Kinde gleich?
Gelobt sei Jesu Christ.

Ja, Gottes Lieb' ist unumschränkt,
ein Gott, der seinen Sohn uns schenkt,
schenkt alles, was uns heilsam ist,
schenkt alles uns durch Jesum Christ.
Gelobt sei Jesu Christ.

Volksgut

105 Zu Bethlehem

Maria war zu Bethlehem,
wo sie sich schätzen lassen wollte;
da kam die Zeit, da sie gebären sollte.
Und sie gebar ihn –
und als sie ihn geboren hatte,
und sah den Knaben nackt und bloß,
fühlt' sie sich selig, fühlt' sie sich groß,
und nahm voll Demut ihn auf ihren Schoß
und freuet sich in ihrem Herzen sein,
berührt den Knaben zart und klein
mit Zittern und mit Benedein
und wickelt ihn in Windeln ein...
Und bettet ihn sanft in eine Krippe hin.
Sonst war kein Raum für ihn.

Matthias Claudius

106 Am Weihnachtstage

In einer Krippe ruht ein neugeboren
und schlummernd Kindlein; wie im Traum verloren
die Mutter kniet, ein Weib und Jungfrau doch.
Ein ernster, schlichter Mann rückt tief erschüttert
das Lager ihnen; seine Rechte zittert
dem Schleier nahe um den Mantel hoch.
Und an der Türe stehn geringe Leute,
mühselige Hirten, doch die Ersten heute
und in den Lüften klingt es süß und lind,
verlorne Töne von der Engel Liede:
dem Höchsten Ehr und allen Menschen Friede,
die eines guten Willens sind.

Annette von Droste-Hülshoff

107 Flucht der Heiligen Familie

Länger fallen schon die Schatten
durch die kühle Abendluft,
waldwärts über stille Matten
schreitet Joseph von der Kluft,
führt den Esel treu am Zügel;
linde Lüfte fächeln kaum,
's sind der Engel leise Flügel,
die das Kindlein sieht im Traum.
Und Maria schauet nieder
auf das Kind voll Lust und Leid,
singt im Herzen Wiegenlieder
in der stillen Einsamkeit.
Die Johanniswürmchen kreisen
emsig leuchtend über'n Weg,
wollen der Mutter Gottes weisen
durch die Wildnis jeden Steg,
und durchs Gras geht süßes Schaudern,
streift es ihres Mantels Saum;
Bächlein auch läßt jetzt sein Plaudern,
und die Wälder flüstern kaum,
daß sie nicht die Flucht verraten.
Und das Kindlein hob die Hand,
da sie ihm so Liebes taten,
segnete das stille Land,
daß die Erd' mit Blumen, Bäumen,
fernerhin in Ewigkeit
nächtlich muß vom Himmel träumen –
O gebenedeite Zeit!

Joseph von Eichendorff

108 Ave Maria

Es ist schon Feierabend gewest,
Der heilige Josef hobelt noch fest.
Er macht wohl eine Liegestätt'
für einen Reichen zu Nazareth.

Die Jungfrau Maria hat noch genäht!
Zur Arbeit war es ihr nicht zu spät.
Sie fädelt wieder die Nadel ein,
die Arbeit muß morgen schon fertig sein.

Er hobelt weiter, sie näht das Kleid,
die Stube liegt bald in Dunkelheit.
Da öffnet ein Engel des Herrn die Tür
und sagt: „Maria, der Herr ist mit dir.

Ich trag' eine frohe Botschaft bei.
Unter den Weibern du bist benedeit,
ja, deiner wartet das schönste Los,
du trägst Herrn Jesum in deinem Schoß."

Jetzt ist der Engel wiederum fort.
Maria hörte das fröhliche Wort
und lacht glücklich in sich hinein,
da würde sie nun bald Mutter sein.

Sie hat sich aber gleich aufgerafft
und hat gar fleißig weiter geschafft.
Der Josef hobelt an seinem Bett
für einen Reichen in Nazareth.

Ludwig Thoma

109 Die Hirten haben es erlebt

So ward Herr Jesus geboren
im Stall bei der kalten Nacht.
Die Armen, die haben gefroren,
den Reichen war's warm gemacht.

Sein Vater ist Schreiner gewesen.
Die Mutter war eine Magd.
Sie haben kein Geld nicht besessen,
die haben sich wohl geplagt.

Kein Wirt hat ins Haus sie genommen.
Sie waren von Herzen froh,
daß sie noch in den Stall sind gekommen.
Sie legten das Kind auf Stroh.

Die Engel, die haben gesungen,
daß wohl ein Wunder geschehn.
Da kamen die Hirten gesprungen
und haben es angesehn.

Die Hirten, die will es erbarmen,
wie elend das Kindlein sei.
Es ist eine Geschicht' für die Armen,
kein Reicher war nicht dabei.

Ludwig Thoma

110 Argwohn Josephs

Und der Engel sprach und gab sich Müh
an dem Mann, der seine Fäuste ballte:
Aber siehst du nicht an jeder Falte,
daß sie kühl ist wie die Gottesfrüh.

Doch der andre sah ihn finster an,
murmelnd nur: was hat sie so verwandelt?
Doch da schrie der Engel: Zimmermann,
merkst du's noch nicht, daß der Herrgott handelt?

Weil du Bretter machst, in deinem Stolze,
willst du wirklich *den* zur Rede stelln,
der bescheiden aus dem gleichen Holze
Blätter treiben macht und Knospen schwelln?

Er begriff. Und wie er jetzt die Blicke,
recht erschrocken, zu dem Engel hob,
war der fort. Da schob er seine dicke
Mütze langsam ab. Dann sang er lob.

Rainer Maria Rilke

111 Ihr Hirten

Ihr Hirten, ihr Hirten,
uns ist was geschehn! –
Wir haben die Engel
im Himmel gesehn.

War einer, der glänzte
wie Sonnenlicht klar;
der stand auf den Wolken
inmitten der Schar.

Die sangen von Freuden,
von Frieden und Ehr,
und daß Gott bei den Menschen
ein Kindelein wär.

Im Stall, in der Krippen
beim Esel und Rind,
daselbst man's gewickelt
in Windeln befind.

Ihr Hirten, ihr Hirten,
so kommt von der Hut
und seht, wie es lächelt,
und schaut, wie es ruht!

Doch seid mir hübsch leise,
stör keiner das Kind,
die Reise war weit,
nun schlummert's gelind.

Rudolf Alexander Schröder

112 Wißt ihr noch?

Wißt ihr noch, wie es geschehen?
Immer werden wir's erzählen:
wie wir einst den Stern gesehen
mitten in der dunklen Nacht.

Stille war es um die Herde.
Und auf einmal war ein Leuchten
und ein Singen ob der Erde,
daß das Kind geboren sei.

Eilte jeder, daß er's sähe,
arm in einer Krippe liegen.
Und wir fühlten Gottes Nähe
und wir beteten es an.

Könige aus Morgenlanden
kamen reich und hoch geritten,
daß sie auch das Kindlein fanden.
Und sie beteten es an.

Und es sang aus Himmelshallen:
Ehr' sei Gott, auf Erden Frieden!
Allen Menschen Wohlgefallen,
welche guten Willens sind.

Immer werden wir's erzählen,
wie das Wunder einst geschehen
und wie wir den Stern gesehen
mitten in der dunklen Nacht.

Hermann Claudius

113 Die Hirten

Es roch so warm nach Schafen –
da sind sie eingeschlafen.
O Wunder was geschah:
es ist eine Helle gekommen,
ein Engel stand da.

Sie haben sein Wort vernommen,
war schwer zu verstehen.
Sie mußten nach Bethlehem gehen
und sehen.

Sie haben vor der Krippen
aus runden Augen geschaut.
Sie stießen sich stumm in die Rippen.
Einer hat sich gekraut,
einer drückte sich gegen die Wand,
einer schneuzte sich in die Hand
und wischte sich über die Lippen.

Werner Bergengruen

114 Kaschubisches Weihnachtslied

Wärst du, Kindchen, im Kaschubenlande,
wärst du, Kindchen, doch bei uns geboren!
Sieh, du hättest nicht auf Heu gelegen,
wärst auf Daunen weich gebettet worden.
Nimmer wärst du in den Stall gekommen,
dicht am Ofen stünde warm dein Bettchen,
der Herr Pfarrer käme selbst gelaufen,
dich und deine Mutter zu verehren.
Kindchen, wie wir dich gekleidet hätten!
Müßtest eine Schaffellmütze tragen,
blauen Mantel von kaschubischem Tuche,
pelzgefüttert und mit Bänderschleifen.
Hätten dir den eigenen Gurt gegeben,
rote Schuhchen für die kleinen Füße,
fest und blank mit Nägelchen beschlagen!
Kindchen, wie wir dich bekleidet hätten!
Kindchen, wie wir dich gefüttert hätten!
Früh am Morgen weißes Brot mit Honig,
frische Butter, wunderweiches Schmorfleisch,
mittags Gerstengrütze, gelbe Tunke,
Gänsefleisch und Kuttelfleck in Ingwer,
fette Wurst und goldnen Eierkuchen,
Krug um Krug das starke Bier aus Putzig!
Kindchen, wie wir dich gefüttert hätten!
Und wie wir das Herz dir schenken wollten!
Sieh, wir wären alle fromm geworden,
alle Knie würden sich dir beugen,
alle Füße Himmelswege gehen!
Niemals würde eine Scheune brennen,
sonntags nie ein trunkner Schädel bluten –
wärst du, Kindchen, im Kaschubenlande,
wärst du, Kindchen, doch bei uns geboren!

Werner Bergengruen

Die Weihnachtsgeschichte – der Bibel nacherzählt

115 Als Christ, der Herr, geboren war

Als Christ, der Herr, geboren war
zu Bethlehem, ein kleines Kind,
brach eilends auf die Hirtenschar,
zu schaun, was Engelmund verkündt.

Nur einer war, der folgte nicht,
der blieb auf dunklem Feld allein,
glaubt' nicht dem Wort, sah nicht das Licht,
sprach: Gott ein Kind? Das kann nicht sein.

Und fernher weit aus Morgenland,
da zogen weise, edle Herrn
gen West, bis ihre Sehnsucht fand
das Kind im Stall dort unterm Stern.

Nur einer war, der zog nicht mit,
der grub sich ein in seine Not
und stieß sich wund bei jedem Tritt.
Die andern aber fanden Gott.

So war's seit je, bleibt's wohl allzeit.
Gott ruft und läßt sein Heil geschehn.
Du aber, Mensch, bist du bereit,
den Weg nach Bethlehem zu gehn?

Steh auf und komm! Heb dein Gesicht,
folg Stern und Engel durch die Nacht
gen Bethlehem! O sieh das Licht!
Das Heil der Welt ist hier vollbracht.

Arno Pötzsch

116 Könige und Hirten

Im finstern Stall
auf Stroh, das welk,
unterm Wagen
schläft das Kind.
Stimmen singen im Gebälk
mit süßem Schall.
So süßen Schall singt nicht der Wind.

Kühe mit den
Schwänzen schlagen,
muhen brusttief lind.

Eilige reiten,
lang schon ritten
feine Leute,
ungeduldig, heilig, zornig,
mit Gesinde
hinter sich und
goldbehängten Satteln silberspornig,
im gedrängten
Truppe zu dem Kind.

Hirten gingen
nicht von ihrem Platze vorn
beim bleichen Klingen
von dem Silbersporn.
Und die Feinen
leiden es,
daß die Gemeinen
schulterbreit vor ihnen sind.
Heben sich nur auf die Zehen,
sagen ein Bescheidenes,
daß ihre Gastgeschenke gehen
still von Hand zu Hand nach vorn,

zu dem Kind,
das sie nicht sehen.
So die dunklen Hirten hoben
Königsgold und fremd Gewürz,
gelber Schalen Lichtgestürz
vor den weißen Schläfen hin.

Einstimmig loben
Ritter und
Gesind
und Hirtenmund
das Kind.
Süß klingt's mit vom Balken oben.

Georg Britting

In ähnlichen Tagen machten sich auf

Die Weihnachtsgeschichte – für unsere Zeit erzählt

117 Bethlehem

Ein Ort in allen vier Winden,
ein Ort mit Tauben und Blinden –
Bethlehem.

Ein Ort, so arm wie verloren,
mit verschlossenen Herzen und Toren –
Bethlehem.

Ein Ort mit Gassen und Straßen,
in denen Flüchtlinge saßen –
Bethlehem.

Ein Ort mit Spöttern und Frommen,
ein Ort, wo wir alle herkommen –
Bethlehem.

Ein Ort, wo wir alle hingehen,
das Kind in der Krippe zu sehen –
Bethlehem.

Ein Ort, wor wir knien auf der Erden:
Gott will unser Bruder werden –
Bethlehem.

Rudolf Otto Wiemer

Die Weihnachtsgeschichte – für unsere Zeit erzählt

118 Die gute Nacht

Der Tag, vor dem der große Christ
zur Welt geboren worden ist,
war hart und wüst und ohn Vernunft.
Seine Eltern, ohne Unterkunft,
fürchteten sich vor seiner Geburt,
die gegen Abend erwartet wurd.
Denn seine Geburt fiel in die kalte Zeit.
Aber sie verlief zur Zufriedenheit.
Der Stall, den sie doch noch gefunden hatten,
war warm und mit Moos zwischen seinen Latten
und mit Kreide war auf die Türe gemalt,
daß der Stall bewohnt war und bezahlt.
So wurde es doch noch eine gute Nacht.
Auch das Heu war wärmer, als sie gedacht,
Ochs und Esel waren dabei,
damit alles in Ordnung sei.
Eine Krippe gab einen kleinen Tisch
und der Hausknecht brachte ihnen heimlich einen Fisch.
Denn es mußte bei der Geburt des großen Christ
alles heimlich gehen und mit List.
Doch der Fisch war ausgezeichnet und reichte durchaus
und Maria lachte ihren Mann wegen seiner Besorgnis aus,
denn am Abend legte sich sogar der Wind
und war nicht mehr so kalt, wie die Winde sonst sind.
Aber bei Nacht war es fast wie ein Föhn.
Und der Stall war warm und das Kind war sehr schön.
Und es fehlte schon fast gar nichts mehr –
da kamen auch noch die drei König' daher!
Maria und Joseph waren zufrieden sehr.
Sie legten sich sehr zufrieden zum Ruhn.
Mehr konnte die Welt für den Christ nicht tun.

Bert Brecht

119 Notizen beim Schreiben der Weihnachtspredigt

FÜRCHTET EUCH NICHT, wieso, wir fürchten
sehr vieles, wir haben Grund, sehr vieles
zu fürchten, Krebs, Hunger, Kälte, den
Tod durch Atom, am meisten uns selbst,
die Welt, wie sie ist, den Krieg, den
niegeschlossenen Frieden, das Messer in den
Leibern der Kinder, die Zeitung, ja, wir
fürchten sie, fürchten, sie aufzuschlagen,
DENN SIEHE, ICH VERKÜNDIGE EUCH GROSSE
FREUDE, verkündigen, ach, was ist uns
alles verkündigt worden, Kaisers
Geburtstag, Gott strafe England, Republik,
Demokratie, Führer befiehl, Tag X,
wieder Demokratie, NATO, keine
Experimente, Sicherheit, Wohlstand,
konzertierte Aktion, Barrikaden,
wann aber Freude, DIE ALLEN VÖLKERN
WIDERFAHREN WIRD, auch den schwarzen,
den roten und gelben, den Sklavenvölkern
in Slums, im KZ, hinter Stacheldraht,
auch uns im zweimal geteilten Deutschland,
in Göttingen, mitten im Weihnachtsrummel
bei Bratwürsten, Lametta, Glühlichterglanz,
was soll das alles, DENN EUCH IST HEUTE
DER HEILAND GEBOREN, Heiland versteh'
nicht, nein, hier wird keiner geheilt zwischen
Da Nang und Biafra, keiner geheilt
von sich selbst, Abel steht nicht wieder auf,
„unheilbar" hören wir alle zuletzt,
da hilft kein Rezept, wie hülfe uns dieses,
WELCHER IST CHRISTUS, DER HERR, IN DER STADT
DAVIDS, *der* Herr, nicht einer von vielen,
nicht Stalin, Hitler, nicht Mao Tse-tung,
nicht Dollar, nicht Deutsche Mark, nicht Investment,

Die Weihnachtsgeschichte — für unsere Zeit erzählt

nicht die Herren der Massenmedien, nein,
der Herr, *der* Christus, großartiger Name,
Arzt, Retter, König, wer mißtraute da nicht
und wer ließe, dies hörend, nicht gern den
Argwohn und ließe sich retten, UND DIES
HABT ZUM ZEICHEN, Alarmzeichen, Sendezeichen,
Zeichen der Zeit, Notzeichen, Wasserzeichen,
Feuerzeichen, Morsezeichen, Zeichen über
Zeichen, doch, Engel, welches denn hier, IHR
WERDET FINDEN DAS KIND, IN WINDELN GEWICKELT
UND IN EINER KRIPPE LIEGEN,
wie, in der Krippe, soll das heißen: im
Stall, bei Ochs und Esel, Ratte und Maus,
in der Kälte, im Dreck, in der Dunkelheit,
auf der Flucht, in Armut, erniedrigt und
ausgestoßen, im letzten Winkel der
Welt — — sehr unwahrscheinlich, Engel, warum,
so frag ich, hast du nicht andere
Auskunft, warum so bezweifelbar alles,
warum so unmöglich, sollen wir, Engel,
erschrecken, weil nur Erschrockene die
Ohren auftun, von der Stimme getroffen,
erschrocken prüfen den Zweifel, erschrocken
das Unwahrscheinliche, oder hat Gott selber,
Engel, so frag ich, das Unmögliche
möglich gemacht, sagst du deshalb:
Freude, und deshalb: Fürchtet euch nicht!?

Rudolf Otto Wiemer

120 Maria

Die Nacht ihrer ersten Geburt war
kalt gewesen. In späteren Jahren aber
vergaß sie gänzlich
den Frost in den Kummerbalken, den rauchenden Ofen
und das Würgen der Nachgeburt gegen Morgen zu.
Aber vor allem vergaß sie die bittere Scham,
nicht allein zu sein,
die den Armen eigen ist.
Hauptsächlich deshalb
ward es in späteren Jahren zum Fest, bei dem
alles dabei war.
Das rohe Geschwätz der Hirten verstummte.
Später wurden aus ihnen Könige in der Geschichte.
Der Wind, der sehr kalt war,
wurde zum Engelsgesang.
Ja, von dem Loch im Dach, das den Frost einließ, blieb nur
der Stern, der hineinsah.
Alles dies
kam vom Gesicht ihres Sohnes, der leicht war,
Gesang liebte,
Arme zu sich lud
und die Gewohnheit hatte, unter Königen zu leben
und einen Stern über sich zu sehen zur Nachtzeit.

Bert Brecht

121 Weihnacht

Der Engel legte seinen Schatten tief
bis an ihr Herz,
und während der ihr Angetraute schlief,
wuchs schwer wie Erz
in ihrem Leib der weite Weltenkreis.
Es war wie Licht.
Sie sah es nächtens wie Kristall und weiß.
Doch litt sie nicht.

Und sie trug schwer, so schwer wie alle Frauen.
O sie war zart.
Doch als sie niederkam vor Tagesgrauen,
noch kaum bejahrt,
war sie um viele hundert Nächte älter.
Sie wachte lang:
um sie war Welt, und diese Welt ward kälter.
Und ihr war bang.

Sie wußte, denn sie war erwählt und klug,
daß diese Welt,
den sie getragen hatte, nicht ertrug.
Und als es hellt
nach dieser Nacht, die jenen Nächten gleicht
seit Anbeginn,
in denen Hohes stets sein Ziel erreicht,
fand sie den Sinn!

Nicht, daß sie ahnte, daß nun zum Gericht
sich alles wende.
(Noch wußte sie die Art und Weise nicht
von seinem Ende.)
Doch ward sie inne, daß die Not auf Erden
ein Ende finde:
von nun an sollte Gott geboren werden
in jedem Kinde.

H. Rohr

122 Auf Kinder ist die Welt nicht eingestellt

Und in ähnlichen Tagen machte sich auf
auch Amrah aus Bengalen auf die Flucht nach Indien,
obwohl sie schwanger war,
denn sie hoffte, ihr Leben zu retten
und Nahrung zu finden.
Und als sie daselbst war,
kam die Zeit, daß sie gebären sollte.
Und sie gebar ihren ersten Sohn,
wickelte ihn in Lumpen und legte ihn in eine Betonröhre,
denn es gab sonst keinen Raum im Flüchtlingslager.

Und in ähnlichen Tagen machte sich auch auf
Maria Theresa aus Bari in die Bundesrepublik
zu ihrem Mann, denn sie war schwanger.
Und als sie daselbst angekommen war,
kam die Zeit, daß sie gebären sollte.
Und sie gebar im Barackenraum ihr erstes Kind,
wickelte es in Tücher und legte es in eine Plastikwanne,
denn sie hatte kein Geld und keinen Kassenschein
für die Krankenhäuser der Stadt.

Und in diesen Tagen gebar auch eine junge Frau
ihren ersten Sohn.
Und er wurde in saubere Windeln gewickelt
und gut gepflegt von Fachkräften.
Aber die Eltern fanden keine Freude.
Sie wollten eigentlich kein Kind,
denn es gab dafür keinen Raum in ihrem Leben,
in ihrem Anschaffungsplan nicht,
in ihrem Lebensstil nicht,
in ihrem Doppelverdienst nicht.

Und in ähnlichen Tagen wurden viele Kinder geboren.
Aber sie hatten keinen Raum in den Wohnungen.
Denn die Menschen wollten sich nicht stören lassen,
sie wollten ihre Feste, ihren Appetit,
ihre Finanzen nicht stören lassen.
Nur wenn sie an die Zukunft dachten, an ihr Alter,
fürchteten sie sich sehr.

In jenen Tagen aber war Gott zu den Menschen gekommen,
war nahe in einem hilflosen Kind,
in Jesus von Nazareth,
und damit in Elend und Aussichtslosigkeit.
Nahe war Gott,
auch wenn die Menschen ihn weit und ferne wähnten.

Manfred Fischer

123 Advent

Holt den Sohn vom Bahnhof ab.
Er kommt.
Man weiß nicht genau, mit welchem Zug,
aber die Ankunft ist gemeldet.
Es wäre gut, wenn jemand
dort auf und ab ginge.
Sonst verpassen wir ihn.
Denn er kommt
nur einmal.

Rudolf Otto Wiemer

124 Bethlehem

Wenn man absieht von allem
was fromme Legende hinzutat,
Ochs, Esel, Hirten auf dem Feld,
Engel, den Stern, die Heiligen Drei Könige,
Jungfräulichkeit und Theologie,
bleibt ein Ereignis,
das in der Dritten Welt alle Tage vorkommt:
irgendwo zwischen Delhi und Benares
zwischen Bahia und Santiago,
zwischen Saigon und Danang.
Ohne ärztlichen Beistand, unterernährt,
nicht seßhaft und kaum, daß auf den Mann Verlaß ist,
bringt eine Frau ihr Kind zur Welt,
das lebt entweder oder stirbt mit der Mutter
noch im Kindbett, es siecht dahin,
verendet am Hunger oder an der Schwindsucht.
Von Zeit zu Zeit hat so ein Wurm Glück,
es lernt Krankenhaus und Schule kennen
und kriegt satt zu essen. Dann verkünden
die Weisen aus dem Morgenland: ein Mensch
ist Mensch geworden. Ziemlich sicher, daß er,
sollte er Ansprüche geltend machen,
bald mit den Mächtigen in Konflikt gerät,
man wird ihn erledigen, und Wenigermutige
werden ihn als Märtyrer feiern,
die Mörder werden seine Lebensgeschichte ausschmücken,
bis sie wohnlich geworden ist und weihnachtlich.

Peter Schütt

125 Dezembernacht

Feldhüter haben in einem Geräteschuppen
(Steckrübenacker, Pflaumenbäume, Flußwind)
eine Geburt aufgespürt, hier unzulässig.
Flüchtlinge gehören ins Lager und registriert.
Der Schafhirt kam dazu, ein junger Mann,
der ging mit einem Stecken übers Mondfeld.
Sein Hund mit dem Namen Wasser sprang an der Hütte hoch.
Ein Alter drinnen gab Auskunft, er sei nicht der Vater.
Die Feldhüter verlangten Papiere. Das Neugeborene schrie.
Die Schafe versperrten die Straße. Drei Automobile,
ein Mercedes, ein Bentley, eine Isetta hielten an,
drei Herren stiegen aus, drei Frauen schöner als Engel
fragten, wo sind wir, spielten mit den Lämmern.
Spenden Sie etwas, sagten die Feldhüter. Da gaben sie ihnen
ein Parfüm von Dior, einen Pelz,
einen Scheck auf die Bank von England.
Sie blieben stehen und sahen zu den Sternen auf.
Glänzte nicht einer besonders? Ein Rauhreif fiel,
die kleine Stimme schluchzte noch und schwieg.
Ein Mercedes, ein Bentley, eine Isetta rührten sich
und summten wie Libellen. Der Hirte schrie:
Fort mit euch Schafen, fort mit euch Lämmern!
Ist das Kind gestorben? Das Kind stirbt nie.

Marie Luise Kaschnitz

126 Weihnachtslied aus einer Baracke

Eia popeia, was raschelt im Stroh?
Was weint denn die Mutter im Finstern oft so?
Der Vater beim Holzen hat löchrige Schuh,
versperrt hält der Bauer das Huhn und die Kuh.

Eia popeia, was raschelt im Stroh?
Die Hirten sind mager, die Engel nicht froh,
Herodes verliert halt sein Gold nicht gern,
drum zahlt er die Krieger mit unserem Stern.

Eia popeia, was raschelt im Stroh?
Die Weisen, die fing man, und keiner weiß wo.
Wir verbrannten das wächserne Kindel als Licht.
O Jesus, verrat es der Mutter nicht!

Eia popeia, was raschelt im Stroh?
Sankt Joseph, tu's Beil weg, wir fürchten uns so!
Durch die Wand kriecht der Frost, der Wind rüttelt arg.
Und das Kripperl ist leer und schwarz wie ein Sarg.
Eia popeia popei ...

Christine Busta

127 Die neuen drei Könige

Da sie nun zum Stalle kamen,
war der Stern schon fortgewichen,
eine Stimme sie vernahmen:
den ihr suchet, ist verblichen!

Kaspar da sein Los beklagte,
Melchior weinte ungestillt,
Balthasar, der Unverzagte,
sprach: so sind wir doch erfüllt.

Denn er war. Und also wieder
muß er sich doch finden lassen.
Gebt die Hände! Glaubet, Brüder:
Gottwärts führen alle Straßen.

Und sie glaubten und sie banden
ihre Schuhe ohne Klagen.
Ob sie je zum Ziele fanden –
keiner weiß es uns zu sagen.

Paul Alverdes

128 Im Stalle zu B.

Bei dir im Stalle ists warm.
Auf dem Felde schlug uns mit Geißeln der Winter.
Heiliges Kind, entsprungen der schneeigen Rose,
leuchtend auf Stroh,
benetzt vom Seime der Kälber,
dich zu sehen sind wir gekommen,
nicht um aufzubürden dir
unsere dornige Angst. –
Und wir stehen
im Hauch der milchsanften Tiere
wie unter dem milden Süd.
Goldenes Öl rinnt vom Berg der Oliven...
Auch sind Davids Harfentöne
zu dir gekommen wie Paten,
und ist es nicht, als weile Uria hier,
der treu einfältige Hauptmann,
dem der König das Weib nahm, Bathseba,
und es schwängerte auf Wolken Jehovas,
Uria, salomonische Weisheiten murmelnd?

Wie fern unsere stechende Angst,
da wir sehen, wie deine rosige Hand
aus dem Krippenstroh greift
nach des Mondes silbernem Horn...

Unter Mariens prophetischem Himmel
wandern noch immer gute Gäste zu dir
über des Schnees Leichentuch.
Und kürzlich ist zu dir eingekehrt
Tonoko, das Kind, mit tödlichen Wunden geboren,
das Mädchen, unter dem giftigen Pilz
in Hiroshima zur Sekunde des Blitzes,
Tonoko, an der Hand des verschwiegensten Schweigens
aus dem Schweigelager von W.

Ernst Meister

129 Weihnachtslied

O Jesu, was bist du lang ausgewesen,
o Jesu Christ!
Die sich den Pfennig im Schnee auflesen,
sie wissen nicht mehr, wo du bist.

Sie schreien, was hast du sie ganz vergessen,
sie schreien nach dir, o Jesu Christ!
Ach kann denn dein Blut, ach kann es ermessen,
was alles salzig und bitter ist!

Die Trän' der Welt, den Herbst von Müttern,
spürst du das noch, o Jesuskind?
Und wie sie alle im Hungerhemd zittern
und krippennackt und elend sind!

O Jesu, was bist du lang ausgeblieben
und ließest die Kindlein irgendstraßfern.
Die hätten die Hände gern warm gerieben
im Winter an deinem Stern.

Peter Huchel

130 Die Hirtenstrophe

Wir gingen nachts gen Bethlehem
und suchten über Feld
den schiefen Stall aus Stroh und Lehm,
von Hunden fern umbellt.

Und drängten auf die morsche Schwell'
und sahen an das Kind.
Der Schnee trieb durch die Luke hell
und draußen Eis und Wind.

Ein Ochs nur blies die Krippe warm,
der nah der Mutter stand.
Wie war ihr Kleid, ihr Kopftuch arm,
wie mager ihre Hand.

Ein Esel hielt sein Maul ins Heu,
fraß Dorn und Distel sacht.
Er rupfte weich die Krippenstreu,
o bitterkalte Nacht.

Wir hatten nichts als unsern Stock,
kein Schaf, kein eigen Land,
geflickt und fasrig war der Rock,
nachts keine warme Wand.

Wir standen scheu und stummen Munds:
die Hirten, Kind, sind hier.
Und beteten und wünschten uns
Gerät und Pflug und Stier.

Und standen lang und schluckten Zorn,
weil uns das Kind nicht sah.
Griff nicht das Kind dem Ochs ans Horn
und lag dem Esel nah?

Es brannte ab der Span aus Kien.
Das Kind schrie und schlief ein.
Wir rührten uns, feldein zu ziehn.
Wie waren wir allein!

Daß diese Welt nun besser wird,
so sprach der Mann der Frau,
für Zimmermann und Knecht und Hirt,
das wisse er genau.

Ungläubig hörten wirs – doch gern.
Viel Jammer trug die Welt.
Es schneite stark. Und ohne Stern
ging es durch Busch und Feld.

Gras, Vogel, Lamm und Netz und Hecht,
Gott gab es uns zu Lehn.
Die Erde aufgeteilt gerecht,
wir hättens gern gesehn.

Peter Huchel

131 Dezember 1942

Wie Wintergewitter ein rollender Hall.
Zerschossen die Lehmwand von Bethlehems Stall.
Es liegt Maria erschlagen vorm Tor.
Ihr blutig Haar an die Steine fror.
Drei Landser ziehen vermummt vorbei.
Nicht brennt ihr Ohr von des Kindes Schrei.
Im Beutel den letzten Sonnblumenkern,
sie suchen den Weg und sehn keinen Stern.
Aurum, thus, myrrham offerunt ...
Um kahles Gehöft streicht Krähe und Hund.
... quia natus est nobis dominus.
Auf kahlen Gerippe glänzt Öl und Ruß.
Vor Stalingrad verwehte die Chaussee.
Sie führt in die Totenkammer aus Schnee.

Peter Huchel

132 Die Hirten sind noch unterwegs

Die Hirten sind noch unterwegs und ohne Dach,
wenn andre längst in festen Häusern schlafen.
Doch wachen sie nicht mehr wie einst bei Schafen
und denken über Schuld und Gott und Elend nach.
Als Taxifahrer halten sie sich mühsam wach,
sie zittern im Gefängnis vor den Strafen,
sind ausgestoßen von den ewig Braven,
und unter Schmerzen liegen sie verstört und schwach.
Doch siehe: Gottes Engel tritt heran
zu allen, die er wachend findet,
weil Pflicht, weil Schicksal sie jetzt bindet,
sagt ihnen, wo sie sind, die Freude an:
das Heil wohnt unter uns im engen Stall,
und Bethlehem ist heute überall.

Dietmar Schröder

133 Begebenheit

Es begab sich aber zu der Zeit,
da die Bibel ein Bestseller war,
übersetzt in 197 Sprachen,
und das Neue Testament
noch sechzig Mal mehr,
daß alle Welt sich fürchtete:
vor selbstgemachten Katastrophen,
Inflationen, Kriegen, Ideologien,
vor Regenwolken, radioaktiv,
und Raumschiff-Flottillen,
die spurlos verglühn.

Als die Menschenmenge auf dem Wege war,
ungeheuer sich vermehrend,
hinter sich die
Vernichtungslager der Vergangenheit,
vor sich die
Feueröfen des Fortschritts,
und alle Welt täglich
geschätzt und gewogen wurde,
ob das atomare Gleichgewicht stimmt,
hörte man sagen:
Laßt uns nach Bethlehem gehen.

Arnim Juhre

134 Als alle die Hütte verlassen hatten

Als alle die Hütte verlassen hatten –
als die Könige fortgeritten waren,
wie benommen von dem Erstaunlichen, doch mit einem
Blick des Einverständnisses: wir werden schweigen –
als die Hirten zu ihren Schafen auf den Hügeln
zurückkehren mußten
(auch der jüngste Hirt, Nathanael, jener, der so gerne
bei den dreien geblieben wäre, um das Kind zu schützen,
auch er ging, obgleich zögernd) –
als alle, wer immer es war, alle fortgegangen waren
und das Gesumm der Anbetung erloschen,
als nur noch der Himmel, Nacht und Sterne
mit der Erde über das Ereignis sprachen,
ging ich,

ja, auch ich ging dorthin, zurückhaltend, ich gestehe es:
aber ich ging,
durch Schnee wanderte ich, der dem kalten Schnee von
Rußland glich, vor Jahren,
über Felder, die vor nicht langer Zeit sich gehoben hatten
in riesigen Zuckungen.
Durch die Vorräume, Kammern und Hallen der Zeit ging ich,
durch viele Stimmen, an vielen Gesichtern vorbei –

bis ich in Stille trat,
bis ich zum Stall kam im Morgengrauen. Er hatte sich nicht
verändert.
Nein, nichts hatte sich verändert.
Dann stand ich im Schatten der Hütte und sah hinein,
um zu sehen, was die Könige und Hirten gesehen hatten,
nicht weniger, nicht mehr.

Ich konnte die beiden erblicken, sie schliefen nun.
Wie seltsam:
Sie glichen meinen Eltern, wie ich sie von verblichenen
Bildern kannte.
Ich sah das Kind. Auch das Kind schlief. Wie erstaunlich:
Es glich dem Kinde meiner Nachbarn.

Walter Bauer

135 Hirtenlied

Wir waren die ersten, Herr, wir fanden dich,
du warst ein Kind und lagst in einer Krippe.
Wir fielen aufs Knie und beteten:
Gedenke unser, wenn du groß sein wirst.

Wir haben weder Land noch Herden,
die Erde ist sehr ungerecht verteilt.
Von den Menschen, die heut leben,
wird nur jeder vierte satt.

Der weiße Mann hat Schuhe, Hosen, Hemden,
und eine Waffe, die vernichtet, was er will,
hat Kirchen, die aus Stein gebaut;
wir nächtigen auf freiem Feld.

Kennst du das Buch, in dem sie geschrieben,
was du getan hast damals, was gelehrt,
wie du gestorben bist und wie dann auferstanden?
Komm wieder, Herr, komm, wir erwarten dich.

Arnim Juhre

136 Nachweihnacht

Die Weisen sind gegangen.
Der Schall verklang, der Schein verging;
der Alltag hat in jedem Ding
nun wieder angefangen.

Der Wanderstern verglühte;
kein Engel spricht, kein Schäfer rennt,
und niemand beugt sich und erkennt
die Größe und die Güte.

Wie läßt sich das vereinen:
der Stern war da, der Engel rief,
der Schäfer mit den Weisen lief
und kniete vor dem Kleinen.

Auch die sind nicht geblieben,
die beiden mit dem kleinen Kind.
Ob sie schon an der Grenze sind,
geflüchtet und vertrieben?

Was soll ich weiter fragen.
Ich habe manches mitgemacht –
wem trau ich mehr: der einen Nacht
oder den vielen Tagen?

Gerhard Valentin

Abgeschoben auf Heu und Stroh?

Kritische Gedanken zum Fest

137 Advent

Es ist die trübste Jahreszeit.
Ich werde täglich blasser.
Kaum, daß es einmal richtig schneit,
ist es schon Matsch und Wasser.

Das macht mir meine Strümpfe naß
und rieselt in den Sohlen.
Und wie gesagt, man wird so blaß –
und dieses Mehr an Kohlen!

Die Bettler sind nochmal so groß
als zu normalen Zeiten.
Ich werde ihren Blick nicht los,
mit dem sie mich begleiten.

Wer diese öden Blicke kennt
und hat nichts zum Verschenken,
der kann sich bei dem Wort Advent
nichts Trauliches mehr denken.

Werner Finck

138 Weihnachtsabend

Die fremde Stadt durchschritt ich sorgenvoll,
der Kinder denkend, die ich ließ zuhaus.
Weihnachten war's; durch alle Gassen scholl
der Kinderjubel und des Markts Gebraus.

Und wie der Menschenstrom mich fortgespült,
drang mir ein heiser Stimmlein in das Ohr:
„Kauft, lieber Herr!" Ein magres Händchen hielt
feilbietend mir ein ärmlich Spielzeug vor.

Ich schrak empor und beim Laternenschein
sah ich ein bleiches Kinderangesicht.
Wes Alters und Geschlechts es mochte sein,
erkannt' ich im Vorübertreiben nicht.

Nur von dem Treppenstein, darauf es saß,
noch immer hört' ich, mühsam, wie es schien:
„Kauft, lieber Herr!" den Ruf ohn' Unterlaß.
Doch hat wohl keiner ihm Gehör verliehn.

Und ich? – War's Ungeschick, war es die Scham,
am Weg zu handeln mit dem Bettelkind?
Eh' meine Hand zu meiner Börse kam,
verscholl das Stimmlein hinter mir im Wind.

Doch als ich endlich war mit mir allein,
erfaßte mich die Angst im Herzen so,
als säß' mein eigen Kind auf jenem Stein
und schrie nach Brot – indessen ich entfloh.

Theodor Storm

139 Großstadt-Weihnachten

Nun senkt sich wieder auf die heim'schen Fluren
die Weihenacht, die Weihenacht!
Was die Mamas bepackt nach Hause fuhren,
wir kriegens jetzo freundlich dargebracht.

Der Asphalt glitscht. Kann Emil das gebrauchen?
Die Braut kramt schämig in dem Portemonnaie.
Sie schenkt ihm, teils zum Schmuck und teils zum Rauchen,
den Aschenbecher aus Emalch glase.

Das Christkind kommt! Wir jungen Leute lauschen
auf einem stillen heiligen Grammophon.
Das Christkind kommt und ist bereit zu tauschen
den Schlips, die Puppe und das Lexikon.

Und sitzt der wackre Bürger bei den Seinen,
voll Karpfen, still im Stuhl um halber zehn,
dann ist er mit sich selbst zufrieden und im Reinen:
„Ach ja, so'n Christfest is doch ooch janz scheen!"

Und frohgelaunt spricht er vom Weihnachtswetter,
mag es nun regnen oder mag es schnein.
Jovial und schmauchend liest er seine Morgenblätter,
die trächtig sind von süßen Plauderein.

So trifft denn nur auf eitel Glück hienieden
in dieser Residenz Christkindleins Flug?
Mein Gott, sie mimen eben Weihnachtsfrieden...
„Wir spielen alle. Wer es weiß, ist klug."

Kurt Tucholsky

140 Einsiedlers Heiliger Abend

Ich hab in den Weihnachtstagen –
ich weiß auch, warum –
mir selbst einen Christbaum geschlagen,
der ist ganz verkrüppelt und krumm.

Ich bohrte ein Loch in die Diele
und steckte ihn da hinein
und stellte rings um ihn viele
Flaschen Burgunderwein.

Und zierte, um Baumschmuck und Lichter
zu sparen, ihn abends noch spät
mit Löffeln, Gabeln und Trichter
und anderem blanken Gerät.

Ich kochte zur heiligen Stunde
mir Erbsensuppe und Speck
und gab meinem fröhlichen Hunde
Gulasch und litt seinen Dreck.

Und sang aus burgundener Kehle
das Pfannenflickerlied.
Und pries mit bewundernder Seele
alles das, was ich mied.

Es glimmte petroleumbetrunken
später der Lampendocht.
Ich saß in Gedanken versunken.
Da hat's an die Tür gepocht

und pochte wieder und wieder.
Es konnte das Christkind sein.
Und klang's nicht wie Weihnachtslieder?
Ich aber rief nicht: „Herein!"

Ich zog mich aus und ging leise
zu Bett, ohne Angst, ohne Spott,
und dankte auf krumme Weise
lallend dem lieben Gott.

Joachim Ringelnatz

141 Wiegenlied

Eia popeia
was raschelt im Stroh?
Nachbars Bälg greinen
und meine sind froh.
Nachbars gehn in Lumpen
und du gehst in Seid
ausm Rock von einem Engel
umgearbeit'.

Nachbars han kein Brocken
und du kriegst eine Tort,
ist sie dir zu trocken
dann sag nur ein Wort.
Eia popeia
was raschelt im Stroh?
Der eine liegt in Polen
der andre ist werweißwo.

Bert Brecht

142 Weihnachtslied, chemisch gereinigt

Morgen, Kinder, wirds nichts geben!
Nur wer hat, kriegt noch geschenkt.
Mutter schenkte euch das Leben.
Das genügt, wenn mans bedenkt.
Einmal kommt auch eure Zeit.
Morgen ists noch nicht soweit.

Doch ihr dürft nicht traurig werden.
Reiche haben Armut gern.
Gänsebraten macht Beschwerden.
Puppen sind nicht mehr modern.
Morgen kommt der Weihnachtsmann.
Allerdings nur nebenan.

Lauft ein bißchen durch die Straßen!
Dort gibts Weihnachtsfest genug.
Christentum, vom Turm geblasen,
macht die kleinsten Kinder klug.
Kopf gut schütteln vor Gebrauch!
Ohne Christbaum geht es auch.

Tannengrün mit Osrambirnen –
lernt drauf pfeifen! Werdet stolz!
Reißt die Bretter von den Stirnen,
denn im Ofen fehlts am Holz.
Stille Nacht und heilige Nacht –
weint, wenn's geht, nicht, sondern lacht!

Morgen Kinder, wirds nichts geben!
Wer nichts kriegt, der kriegt Geduld!
Morgen, Kinder, lernt fürs Leben!
Gott ist nicht allein dran schuld.
Gottes Güte reicht so weit...
Ach, du liebe Weihnachtszeit!

Erich Kästner

143 Sag mir

Sag mir,
wann ist Advent?

Wenn die Gefangenen
aus ihren Kerkern kommen,
gezeichnet,
aber frei...

Wenn die Wunden
der Gefolterten sich schließen
und heilen...

Dann ist Advent.

Sag mir,
wann ist Advent?

Wenn die Unterdrückten
ihr Recht
in die eigenen Hände bekommen
und menschlicher damit umgehen
als ihre Unterdrücker...

Wenn das Land
denen gehört,
die es bewohnen,
und der Lohn der Arbeit
denen,
die ihn verdienen...

Dann ist Advent.

Sag mir,
wann ist Advent?

Friedrich und Ursula Barth

144 Jesus

das kind jesus
ist der protest gottes
gegen die mächtigen
dieser welt
die sich alles unter den nagel
gerissen

das kind jesus
ist die frage gottes
an alle scheinheiligen ordnungen
und systeme
die sich selbständig gemacht haben

das kind jesus
ist der hilfeschrei gottes
aus dem munde aller verlorenen
aller versklavten
aller ausgebeuteten

das kind jesus
ist der mensch
abgeschoben auf
das heu und stroh
dieser welt

Wilhelm Willms

145 Du bist zu früh gegangen

du bist zu früh gegangen
du solltest noch einmal
unter uns leben so wie damals
mit deiner liebe deinen worten
die menschen verlernten es
dir gegenüber ehrlich zu sein

damals haben sie die
armut ihrer seele
offen gezeigt den haß
ihres lieblosen herzens:

sie wollten dich töten
als du geboren wurdest
sie verlachten und verachteten dich
sie spuckten dir vor die füße
sie nagelten dich an das kreuz
und würfelten um deine kleider

heute kennen sie dich
nicht mehr sie behängen dich
im winter mit lametta
und bunten kugeln
im frühling verstecken sie
eier süße bemalte dinger
in deinen händen
deinen augen
deinen wunden

du bist zu früh gegangen christus
sie kennen dich nicht mehr
sie behängen dich mit gold
und lametta im winter
sie kennen dich nicht mehr

Dagmar Beiersdorf

146 Der Hirte

leute, kommt zu mir ans feuer
wer die nacht liebt, ist ein feind
fremde seid ihr, wenn nicht euer
angesicht im licht erscheint

wollte gott, daß friede werde
oder uns der gnadenstoß
der soldat jagt unsre herde
und der hirt ist waffenlos

wer hat noch die hände offen
und wer lügt nicht, wenn er spricht
und wir schweigen und erhoffen
einen gott, – o glaubt es nicht

daß er kommt uns zu erlösen
und er hat es wohlbedacht
denn wir knien vor dem bösen
und beneiden seine macht

Christa Reinig

147 Vorweihnacht

Atheisten, Kommunisten und
Mitläufer –
Da stehen sie im kalten Wind
vor der Kirche
mitten in der Stadt,
lauschen dem Posaunenchor
zum Weihnachtsliederblasen
und sie wissen nicht,
wie diese Klänge zur Parteischulung
passen
und ins zwanzigste Jahrhundert.

Stille Nacht
mit Bratwurstduft,
Menschen mit Päckchen und vollen Taschen,
einige Tage vor Weihnachten.

Da stehen sie nun im Zweifel,
der inwendig nagt, denn
auch sie werden vielleicht am Heiligen Abend
in der Kirche sitzen
und hoffen,
daß niemand sie erkennt.

Der kalte Wind – vielleicht kühlt
er die Köpfe,
während die Posaunen spielen:
Vom Himmel hoch,
da komm ich her...

Joachim Lehmann

148 Jetzt

Jetzt steigen die Preise und fallen die Fichten
und überall hört man die alten Geschichten
von Kringeln und Sternen und reichen Geschenken,
von Esel und Öchslein und stillem Gedenken.
Wie sie jubeln mit schallenden Chören!
Gott wird uns trotz allem erhören.

Jetzt kaufen sie wieder Geschenke in Mengen,
die Radios schwelgen in alten Gesängen,
die Lichterlein strahlen und schimmern und scheinen,
die Kinderlein kommen, die großen und kleinen
wie Engel in goldenen Räuschen.
Gott wird uns bestimmt nicht enttäuschen.

Jetzt sagen sie wieder, die Ernsten und Strengen,
wir sollten uns nicht in den Kaufhäusern drängen,
wir sollten Verlockungen meiden und scheuen,
uns nicht auf die irdischen Gaben nur freuen,
wir tun es trotzdem und denken:
Gott wird uns am reichsten beschenken.

Jetzt lächeln sie wieder nach außen und innen.
Nicht wenige wollen von vorne beginnen,
mit Rührung im Herzen, mit Geld und Erbarmen
für Kranke und Alte und auch für die Armen,
und wollen sich selber berauben.
Und wieder wird Gott an uns glauben.

Eva Rechlin

149 Mitten im kalten Winter

wenn die langen Samstage kommen
wenn alle Wirtschaftszweige aufblühen
wenn die Arbeitsämter Weihnachtsmänner vermitteln
wenn allen Präsidenten der Friede am Herzen liegt
wenn zur inneren Einkehr
durch Lautsprecher aufgerufen wird
wenn der Stern von Bethlehem über den Geschäften leuchtet
dann endlich
steht das Christkind vor der Tür

Uwe Timm

Zum Jahreswechsel

Die ausgelassene Fröhlichkeit des Silvesterabends mag kein passender Rahmen für ein Gedicht sein. Trotzdem wäre uns diese Sammlung unvollständig erschienen ohne eine Auswahl von Gedichten zum Jahreswechsel. Denn auch wenn die Jahreswende nicht die „große Stunde" des Gedichts ist, haben doch viele Menschen das Bedürfnis, innezuhalten und sich zu besinnen. Überall wo im Gottesdienst, in Gruppe und Familie der Übergang vom alten zum neuen Jahr bewußt bedacht wird, kann ein Gedicht, ein Vers Anregung, Trost, Bestätigung sein.

Helmut Thielecke schrieb in einem Aufsatz: „Ich verstehe die Menschen sehr gut, die in der Nacht der Jahreswende einen Gottesdienst besuchen, die ein Wort aus der Ewigkeit her hören möchten und die es drängt, zu beten. Es wäre dumm zu meinen, daß diese Leute Pessimisten seien und Trübsal blasen, während die Leute mit den Knallfröschen und Sektpfropfen das Leben bejahten. Auch Menschen, die es zur Besinnung treibt, suchen Freude, nur in anderer Richtung. Sie wissen, daß unsere Endlichkeit dann nicht mehr angsterregend ist, wenn wir bei dem Herrn der Zeit geborgen und mit ihm im Frieden leben. Was ich vor mir habe, die neuen dreihundertfünfundsechzig Tage, nehme ich aus seiner Hand entgegen. Auch wenn der letzte Schlagbaum kommt, wird er mich erwarten. Aus diesem Einklang mit dem Herrn der Zeit kommt eine Freude, die nicht mehr auf Verdrängung beruht. Die Jahreswende sollte für uns eine rote Ampel sein, die uns einen Augenblick anhalten und dann die Frage stellen läßt, wohin wir fahren."

Zu allen Zeiten haben die Dichter versucht, in Worte zu fassen, was uns auf der Schwelle zwischen zwei Jahren bewegt: Wehmut über das, was unwiederbringlich vorüber ist; bange Erwartung vor dem, was auf uns zukommt.

In den nachfolgenden zwanzig Gedichten, die eingeteilt sind in die beiden Kapitel „Rückblick und Ausklang" und „Ins neue Jahr", überwiegen Dankbarkeit und gläubige Zuversicht. Sie sind getragen vom Vertrauen in die Führung Gottes: Unsere Zeit in seinen Händen!

So nimm nun Abschied, greises Jahr

Rückblick und Ausklang

150 Jahresabschluß

Am letzten Tag des Jahrs
blick ich zurück aufs ganze
und leuchten seh ich es
gleich einem Gottesglanze.

Es war nicht lauter Licht,
nicht lauter reines Glück,
doch nicht ein Schatten blieb
in meinem Sinn zurück.

Die Freuden blühn mir noch,
die Leiden sind erblichen,
und im Gefühl des Danks
ist alles ausgeglichen.

Ich gab mit Lust der Welt
das Beste, was ich hatte,
und freute mich zu sehn,
daß sie's mit Dank erstatte.

Nichts Beßres wünsch ich mir,
als daß so hell und klar
wie das vergangne sei
noch jedes künftge Jahr.

Friedrich Rückert

151 Am letzten Tag des Jahres

Das Jahr geht um,
der Faden rollt sich sausend ab.
Ein Stündlein noch, das letzte heut,
und stäubend rieselt in sein Grab,
was einstens war lebendge Zeit.
Ich harre stumm.

's ist tiefe Nacht!
Ob wohl ein Auge offen noch?
In diesen Mauern rüttelt dein
Verrinnen, Zeit! Mir schaudert, doch
es will die letzte Stunde sein
einsam durchwacht,

gesehen all,
was ich begangen und gedacht.
Was mir aus Haupt und Herzen stieg,
das steht nun eine ernste Wacht
am Himmelstor. O halber Sieg!
O schwerer Fall!

Mein Lämpchen will
verlöschen, und begierig saugt
der Docht den letzten Tropfen Öl.
Ist so mein Leben auch verraucht?
Eröffnet sich nun Grabes Höhl'
mir schwarz und still?

Horch, welch Gesumm?
Und wieder! Sterbemelodie!
Die Glocke regt den ehernen Mund.
O Herr, ich falle auf das Knie:
sei gnädig meiner letzten Stund!
Das Jahr ist um.

Annette von Droste-Hülshoff

152 Silvesterlied

Ja, ich will euch tragen
bis zum Alter hin.
Und ihr sollt einst sagen,
daß ich gnädig bin.

Ihr sollt nicht ergrauen,
ohne daß ich's weiß,
müßt dem Vater trauen,
Kinder sein als Greis.

Ist mein Wort gegeben,
will ich es auch tun,
will euch milde heben:
ihr dürft stille ruhn.

Stets will ich euch tragen
recht nach Retterart.
Wer sah mich versagen,
wo gebetet ward?

Denkt der vorigen Zeiten,
wie der Väter Schar
voller Huld zu leiten,
ich am Werke war.

Denkt der früheren Jahre,
wie auf eurem Pfad
euch das Wunderbare
immer noch genaht.

Laßt nun euer Fragen.
Hilfe ist genug.
Ja, ich will euch tragen,
wie ich immer trug.

Jochen Klepper

153 Jahreswende

Das Jahr geht hin. Nun segne du
den Ausgang und das Ende!
Deck dieses Jahres Mühsal zu,
zum Besten alles wende!

Du bleibst allein in aller Zeit,
ob wir auch gehn und wandern,
die Zuflucht, schenkst Geborgenheit
von einem Jahr zum andern.

Hab Dank für deine Gotteshuld,
den Reichtum deiner Gnaden!
Vergib uns alle unsre Schuld,
die wir auf uns geladen!

Und segne unsern Eingang nun!
Hilf, Herr, in Jesu Namen!
Dein Segen g'leit all unser Tun
im neuen Jahre. Amen.

Arno Pötzsch

154 Silvesternacht

Euer Glanz, ihr stillen Sterne,
scheidet heute Jahr von Jahr,
und bald liegt in weiter Ferne,
was noch gestern bei uns war.

Euer Lenker – unser Richter:
Gott allein ist Ewigkeit
und der Menschheit großer Sichter,
Wäger über Raum und Zeit.

Herr, dir bleibt das Herz ergeben,
das nach deinen Sternen greift,
bis am Ende unser Leben
dir zur Ehre ausgereift.

Albert Bartsch

155 Silvester

In deine Gnade sei es hingegeben,
das gnadenlose arme Menschenjahr.
Der Tod hält ein. Wir fühlen, daß das Leben
in aller Mühsal, Herr, doch köstlich war.

Wir haben nichts mehr, was wir sicher hatten,
ein neu Gesetz gab uns das neue Maß.
Und über Nacht ward eine Welt zum Schatten
und eigen wurde, was ich nie besaß.

Nun habe ich die ungeheure Stille,
die das Zerrissene noch einen mag.
Gib Liebe uns und Heimat, Herr! Dein Wille
geschehe wie am ersten Tag.

Siegbert Stehmann

156 Neujahr bei Pastors

Mama schöpft aus dem Punschgefäße,
der Vater lüftet das Gesäße
und spricht: „Jetzt sind es vier Minuten
nur mehr bis zwölfe, meine Guten.

Ich weiß, daß ihr mit mir empfindet,
wie dieses alte Jahr entschwindet,
und daß ihr Gott in seinen Werken
– Mama, den Punsch noch was verstärken! –

Und daß ihr Gott von Herzen danket,
auch in der Liebe nimmer wanket,
weil alles, was uns widerfahren
– Mama, nicht mit dem Arrak sparen! –

Weil, was geschah, und was geschehen,
ob wir es freilich nicht verstehen,
doch weise war, durch seine Gnade
– Mama, er schmeckt noch immer fade! –

In diesem Sinne, meine Guten,
es sind jetzt bloß mehr zwei Minuten,
in diesem gläubig frommen Sinne
– Gieß noch mal Rum in die Terrine! –

Wir bitten Gott, daß er uns helfe
auch ferner – Wie? Es schlägt schon zwölfe?
Dann Prosit! Prost an allen Tischen!
– Ich will den Punsch mal selber mischen."

Ludwig Thoma

157 Der Dezember

Das Jahr ward alt. Hat dünne Haar,
ist gar nicht sehr gesund.
Kennt seinen letzten Tag, das Jahr.
Kennt gar die letzte Stund.

Ist viel geschehn. Ward viel versäumt.
Ruht beides unterm Schnee.
Weiß liegt die Welt, wie hingeträumt.
Und Wehmut tut halt weh.

Noch wächst der Mond. Noch schmilzt er hin.
Nichts bleibt. Und nichts vergeht.
Ist alles Wahn. Hat alles Sinn.
Nützt nichts, daß man's versteht.

Und wieder stapft der Nikolaus
durch jeden Kindertraum.
Und wieder blüht in jedem Haus
der goldengrüne Baum.

Warst auch ein Kind. Hast selbst gefühlt,
wie hold Christbäume blühn.
Hast nun den Weihnachtsmann gespielt
und glaubst nicht mehr an ihn.

Bald trifft das Jahr der zwölfte Schlag.
Dann dröhnt das Erz und spricht:
„Das Jahr kennt seinen letzten Tag,
und du kennst deinen nicht."

Erich Kästner

158 Der goldne Baum

Haben wirs recht wohl erdacht
für die hohe heilge Nacht,
abendlang und rein entzückt,
heiter endlich aufgeschmückt
weißen Tann und rotes Licht,
Stern und Engelsangesicht,
Silberlust im dunklen Grün,
sel'ges Blühn und Überblühn –
Weh, schon blinkt durchs Fensterglas
Tag Sankt Epiphanias,
und das Jahr mit Recht und Fug
spricht: genug.

Nur noch einmal, komm, entzünde
aller Kerzen Ernst und Spiel,
mit dem Bunten dich verbünde,
wie dir's eh und je gefiel:
Sieh, der Engel kehrt sich leise
dem Trompetenbläser zu,
horch, der Violinen Weise,
und der Dirigent bist du.
Lischt die Kerze. Im Ermatten
geistert Schattenspiel im Raum –
Traumesbilder, Abschiedsschatten,
dir zum Abschied, goldner Baum!

Ach, nun kommt ein langes Jahr,
Eismond, Frost und Februar,
Weidenrute, Osterschmaus,
Birke, Mai und Immenbraus,
Junibeere, Juliglut
Erntefeld und Traubenblut
Spätoktober, Nebelschritt –

Glanz vom goldnen Baum, geh mit!

Albrecht Goes

159 Gleich hinter Weihnachten

Endlich, die Töchterlein schlafen,
die Älteste redet im Traum.
Da entzünde ich – keiner sieht es –
noch einmal die Kerzen am Baum.
Ist wieder Heiliger Abend
und ganz für mich allein.
Und es scheint der Silvestervollmond
durch die Eisblumenfenster herein.

Aufleuchten alle: die Engel
und der Stern im dunkelen Gold,
ringsum die gläsernen Kugeln
(so haben's die Töchter gewollt) –
Apfel aber bei Apfel
vor lauter Leben prahlt,
und sieh, den Tannenzapfen
hat silbern die Jüngste bemalt.

Ein Zweig – und der soll knistern,
ein Zweig, und wär's der kleinst',
schon duftet das ganze Zimmer
nach nichts als nur nach Einst.
Wenn jetzt die Kinder herschauten,
regt sich's nicht nebenan? –
was würden sie denken und sagen
von mir, dem nachteinsamen Mann?

Bin beides und beides in einem:
so Vater und so Kind.
Vergessen sind die Jahre,
die eh vergangen sind.
Herein denn, du Brummbär auf Rädern,
und oben setz ich mich drauf –
liebe Mutter, tu mir noch einmal
die erste Türe auf!

Albrecht Goes

160 Silvesterverse

So nimm nun Abschied, greises Jahr!
Dies sind die letzten Festminuten,
da Licht und Dunkel, wie es war,
noch einmal durch die Seele gluten.

Mich wundert, was das Jahr versprach
mit lieben Träumen und Gestalten!
Ich stand enttäuscht – die Blüte brach –
und ich, hab ich denn Wort gehalten?

Das liegt nun weit und fremd zurück,
entzücktes Freuen, blasses Grämen.
Ich habe keinen Schmerz, kein Glück
auf meine Wege mitzunehmen.

Doch bin ich abermals bereit,
Geschick zu leiden und zu hoffen,
mein Herz, beschenkt mit Tapferkeit,
steht jeder Zukunft willig offen.

Was liegt daran, im Spiel der Welt
ein Bleibendes sich zu bewahren!
Mir reicht, in Gottes Hand gestellt,
des Lebens Vielfalt zu erfahren.

Die Stunde stirbt! In Gottes Macht
weiß ich mich stark und unerschrocken –
da läuten sie, der Mitternacht
goldtönig schwere Feierglocken.

Sei gern begrüßt, du junges Jahr,
mit gottgetrostem Händefalten:
er, der da ist und der da war,
wird über alle Wegfahrt walten.

Detlev Block

Der du
die Zeit in Händen hast

Ins neue Jahr

161 Zum neuen Jahr

Wie heimlicherweise
ein Engelein leise
mit rosigen Füßen
die Erde betritt:
so nahte der Morgen.
Jauchzt ihm, ihr Frommen,
ein heilig Willkommen!
Ein heilig Willkommen,
Herz, jauchze du mit!

In Ihm sei's begonnen,
der Monde und Sonnen
an blauen Gezelten
des Himmels bewegt!
Du, Vater, du rate!
Lenke du und wende!
Herr, dir in die Hände
sei Anfang und Ende,
sei alles gelegt!

Eduard Mörike

162 Neujahrslied

Mit der Freude zieht der Schmerz
traulich durch die Zeiten.
Schwere Stürme, milde Weste,
bange Sorgen, frohe Feste
wandeln sich zur Seiten.

Und wo eine Träne fällt,
blüht auch eine Rose.
Schon gemischt, noch eh wir's bitten,
ist für Thronen und für Hütten
Schmerz und Lust im Lose.

War's nicht so im alten Jahr?
Wird's im neuen enden?
Sonnen wallen auf und nieder,
Wolken gehn und kommen wieder,
und kein Wunsch wird's wenden.

Gebe denn, der über uns
wägt mit rechter Waage,
jedem Sinn für seine Freuden,
jedem Mut für seine Leiden
in die neuen Tage,

jedem auf des Lebens Pfad
einen Freund zur Seite,
ein zufriedenes Gemüte
und zu stiller Herzensgüte
Hoffnung ins Geleite!

Johann Peter Hebel

Ins neue Jahr

163 Sprüche zum neuen Jahr

Ein neues Jahr nimmt seinen Lauf.
Die junge Sonne steigt herauf.

Bald schmilzt der Schnee, bald taut das Eis,
bald schwillt die Knospe schon am Reis.

Bald werden die Wiesen voll Blumen sein,
die Äcker voll Korn, die Hügel voll Wein.

Und Gott, der immer mit uns war,
behüt' uns auch im neuen Jahr.

Volksgut

*

164   Abermals ein neues Jahr!
Immer noch die alte Not!
O das Alte kommt von uns,
und das Neue kommt von Gott!

Gottes Güt ist immer neu,
immer alt ist unsre Schuld,
neue Reu verleih uns, Herr,
und beweis uns alte Huld!

Friedrich von Logau

*

165   Herr, schicke, was du willt,
ein Liebes oder Leides;
ich bin vergnügt, daß beides
aus deinen Händen quillt.
Wollest mit Freuden
und wollest mit Leiden
mich nicht überschütten!
Doch in der Mitten
liegt holdes Bescheiden.

Eduard Mörike

*

166   Will das Glück nach seinem Sinn
dir was Gutes schenken,
sage Dank und nimm es hin
ohne viel Bedenken!
Jede Gabe sei begrüßt,
doch vor allen Dingen:
Das, worum du dich bemühst,
möge dir gelingen!

Wilhelm Busch

*

167   „Wird's besser? Wird's schlimmer?"
fragt man alljährlich.
Seien wir ehrlich:
Leben ist immer
lebensgefährlich.

Erich Kästner

Ins neue Jahr

68 Gib unsrer Wegfahrt dein Geleit

Wir treiben, Herr, im Strom der Zeit.
Gib unsrer Wegfahrt dein Geleit.
Zeig Weg und Ziel und geh du mit
all Tag und Stund und Schritt für Schritt!
Wir können ohne dich nichts tun,
nichts wirken, nicht im Frieden ruhn,
Herr, nicht bestehn der Erde Not,
das Leben nicht und nicht den Tod.
Erleucht uns, Herr, mit deinem Licht
und beug uns unter dein Gericht,
end gnädig allen irren Lauf,
durch deine Liebe heb uns auf!
Hilf, daß das Herz nichts Falsches acht,
vielmehr nach deinem Reiche tracht,
der Fesseln frei, von Sorgen los!
Herr, nur das Größte sei uns groß!
Gib auch das Brot, gib Geist und Wort
von Tag zu Tag an jedem Ort!
Halt uns bei dir durch dein Geleit,
Herr Gott, in Zeit und Ewigkeit.
Amen.

Arno Pötzsch

169 Neujahr

Liegt reiner Schnee
im jungen Jahr,
deckt alles Weh,
das sterblich war.

Die Straße führt
blauübersonnt
und unberührt
zum Horizont.

Kohlmeise zirpt
vorfrühlingshaft.
Die Stunde wirbt
mit Gleichniskraft.

Gott schenkt auch mir
den Januar,
das Jetzt und Hier
macht gut, was war.

Was ich erbat,
beschert sich viel:
beglänzter Pfad
und reines Ziel.

So sei mein Gang,
geh es, wie's geh,
noch Lobgesang
in Eis und Schnee.

Detlev Block

70 Neujahrslied

Der du die Zeit in Händen hast,
Herr, nimm auch dieses Jahres Last
und wandle sie in Segen.
Nun von dir selbst in Jesus Christ
die Mitte fest gewiesen ist,
führ uns dem Ziel entgegen.

Da alles, was der Mensch beginnt,
vor seinen Augen noch zerrinnt,
sei du selbst der Vollender!
Die Jahre, die du uns geschenkt,
wenn deine Güte uns nicht lenkt,
veralten wie Gewänder.

Wer ist hier, der vor dir besteht?
Der Mensch, sein Tag, sein Werk vergeht:
nur du allein wirst bleiben.
Nur Gottes Jahr währt für und für,
drum kehre jeden Tag zu dir,
weil wir im Winde treiben.

Der Mensch ahnt nichts von seiner Frist.
Du aber bleibest, der du bist
in Jahren ohne Ende.
Wir fahren hin durch deinen Zorn,
und doch strömt deiner Gnade Born
in unsre leeren Hände.

Und diese Gaben, Herr, allein
laß Wert und Maß der Tage sein,
die wir in Schuld verbringen.
Nach ihnen sei die Zeit gezählt;
was wir versäumt, was wir gefehlt,
darf nicht mehr vor dich dringen.

Der du allein der ewige heißt
und Anfang, Ziel und Mitte weißt
im Fluge unsrer Zeiten:
bleib du uns gnädig zugewandt
und führe uns an deiner Hand,
damit wir sicher schreiten!

Jochen Klepper

Alphabetisches Verzeichnis der Verfasser

	Nr.
Alverdes, Paul (1897 – 1979)	
Die neuen drei Könige	127
Anschütz, Ernst (1824)	
O Tannenbaum	48
Arndt, Ernst Moritz (1769 – 1860)	
Kinderweihnacht	33
Bäte, Ludwig (1892 – 1977)	
Altes Bild	96
Barth, Friedrich und Ursula	
Sag mir	143
Bartsch, Albert (1913)	
Anzündet die Kerzen	65
Silvesternacht	154
Bauer, Walter (1904 – 1976)	
Als alle die Hütte verlassen hatten	134
Becher, Johannes R. (1891 – 1958)	
Weihnacht	60
Beiersdorf, Dagmar	
Du bist zu früh gegangen	145
Bergengruen, Werner (1892 – 1964)	
Die Hirten	113
Kaschubisches Weihnachtslied	114
Sternsingerlied	25
Bletschacher, Richard (1936)	
Nikolausabend	15
Block, Detlev (1934)	
epiphanias	30
Neujahr	169
Silvesterverse	160
Womit hat es angefangen?	102
Bonhoeffer, Dietrich (1906 – 1945)	
Trost der Welt	83
Bolliger, Max (1929)	
Was unter dem Weihnachtsbaum liegt	49
Brecht, Bert (1898 – 1956)	
Der heilige Martin	3
Die gute Nacht	118
Maria	120
Wiegenlied	141
Brentano, Clemens (1778 – 1842)	
Weihnachtslied	73

Britting, Georg (1891 – 1964)
Könige und Hirten 116
Busch, Wilhelm (1832 – 1908)
Der Stern 20
Will das Glück nach 166
Busta, Christine (1915 – 1987)
Der Sternsinger. 27
Weihnachtslied aus einer Baracke. 126

Claudius, Hermann (1878 – 1980)
Wißt ihr noch?. 112
Claudius, Matthias (1740 – 1815)
Zu Bethlehem 105
Cornelius, Peter (1824 – 1874)
Die Könige 22

Dehmel, Paula und Richard (P.: 1862 – 1918, R.: 1863 – 1920)
Der liebe Weihnachtsmann. 14
Denkhaus, Lotte (1905)
Mahnung zum Advent 68

Ebel, Eduard (1839 – 1902)
Leise rieselt der Schnee. 40
Eichendorff, Joseph von (1788 – 1857)
Flucht der Heiligen Familie 107
Weihnachten. 55
Engel, Erika (1911)
Pfefferkuchenmann. 54
Vorfreude, schönste Freude 35

Feesche, Marie
Das Kindlein, das Maria hält. 50
Ferschl, Maria
Wir kommen daher aus dem Morgenland 28
Wir sagen euch an den lieben Advent 34
Finck, Werner (1902 – 1978)
Advent 137
Fischer, Manfred
Auf Kinder ist die Welt nicht eingestellt 122
Fontane, Theodor (1819 – 1898)
Verse zum Advent 57
Fried, Erich (1921 – 1988)
Weihnachtslied 99
Frey, Peter
Österliche Weihnacht 100

Goes, Albrecht (1908)
Der goldene Baum 158

Alphabetisches Verzeichnis der Verfasser

Der Heilige Christ	88
Gleich hinter Weihnachten	159
Goethe, Johann Wolfgang von (1749 – 1832)	
Epiphaniasfest	23
Greif, Martin (1839 – 1911)	
Am Barbaratag	6
Grunow, Heinz (1913)	
Barbarazweige	9
Gryphius, Andreas (1616 – 1664)	
Christi Geburt	69
Heilige Nacht	72
Guggenmos, Josef (1922)	
Am 4. Dezember	7
Dich rufen wir, Sankt Nikolaus	12
Ritter Martin	5
Weihnacht	51
Hausmann, Manfred (1898 – 1986)	
Anbetung	21
Der Weihnachtsstern	31
Die Sternsinger	24
Kinder vor einem weihnachtlichen Schaufenster	64
Hebbel, Friedrich (1813 – 1863)	
Die Weihe der Nacht	79
Hebel, Johann Peter (1760 – 1825)	
Neujahrslied	162
Heine, Heinrich (1797 – 1856)	
Drei Könige aus Morgenland	18
Heiseler, Bernt von (1907 – 1970)	
Auf einen Christbaum	66
Hesse, Hermann (1877 – 1961)	
In Weihnachtszeiten	63
Hey, Wilhelm (1789 – 1854)	
Alle Jahre wieder	39
Hoffmann, Friedrich (1914 – 1974)	
Die Sternsinger kommen	32
Hoffmann von Fallersleben, Heinrich (1798 – 1874)	
Morgen, Kinder, wird's was geben	38
Weihnachtszeit	37
Holl, Jakob	
Ein Bettler saß im kalten Schnee	2
Horkel, Wilhelm (1909)	
Blick nach Bethlehem	86
Zum vierten Advent	67
Huchel, Peter (1903 – 1988)	
Dezember 1942	131
Die Hirtenstrophe	130
Weihnachtslied	129

Ihlenfeld, Kurt (1901)
Danach 101

Juhre, Arnim (1925)
Begebenheit 133
Hirtenlied 135

Kästner, Erich (1899 – 1974)
Der Dezember 157
Weihnachtslied – chemisch gereinigt 142
Wird's besser? Wird's schlimmer? 167
Kaschnitz, Marie Luise (1901 – 1974)
Dezembernacht 125
Kletke, Gustav Hermann
Der Weihnachtsengel 45
Klepper, Jochen (1903 – 1942)
Abendmahlslied zu Weihnachten 93
Neujahrslied 170
Silvesterlied 152
Weihnachts-Kyrie 94
Krenzer, Rolf (1936)
Einst herrscht in Myra Hungersnot 11
Sankt Martins Lied 4
Krüss, James (1926)
Am Tage von Sankt Barbara 8
Die Weihnachtsmaus 53

Laubi, Werner (1935)
Weihnachtslied 98
Lehmann, Joachim (1935)
Vorweihnacht 147
Logau, Friedrich von (1604 – 1655)
Abermals ein neues Jahr 164

Marti, Kurt (1921)
Flucht nach Ägypten 97
Mell, Max (1882 – 1971)
Weihnachtschoral 90
Meister, Ernst (1900 – 1972)
Im Stalle zu 128
Miegel, Agnes (1879 – 1964)
Advent 59
Mörike, Eduard (1804 – 1875)
Gesegnet sei die heilige Nacht 103
Herr, schicke was du willst 165
Zum neuen Jahr 161
Morgenstern, Christian (1871 – 1914)
Das Weihnachtsbäumelein 47

Alphabetisches Verzeichnis der Verfasser

Novalis (1772 – 1801)
   Fern im Osten wird es helle 71

Pötzsch, Arno (1900 – 1956)
   Als Christ 115
   Gib unserer Wegfahrt dein Geleit 168
   Jahreswende 153
   Herr, mein Gott, ich kann's nicht fassen 76
   Weihnachten 85

Rechlin, Eva
   Jetzt 148
Reinig, Christa (1926)
   Der Hirte 146
Reinick, Robert (1805 – 1852)
   Das Christkind 46
Rilke, Rainer Maria (1875 – 1926)
   Argwohn Josephs 110
   Geburt Christi 74
   Es treibt der Wind 58
Ringelnatz, Joachim (1883 – 1934)
   Einsiedlers Heiliger Abend 140
   Vorfreude auf Weihnachten 62
Ritter, Anna (1865 – 1921)
   Vom Christkind 43
Rohr, Heinrich
   Weihnacht 121
Rückert, Friedrich (1788 – 1866)
   Jahresabschluß 150

Schmid, Christoph von (1768 – 1854)
   Ihr Kinderlein, kommet 41
Schnack, Anton (1892 – 1973)
   Was bringt der Dezember? 61
Schröder, Dietmar
   Die Hirten sind noch unterwegs 132
Schröder, Rudolf Alexander (1878 – 1962)
   Ihr Hirten, ihr Hirten 111
   Marien Antwort 92
   Mit Beginn des Kirchenjahres 95
   Nacht der Hirten 75
   Weihnachtslitanei 89
   Wir harren, Christ, in dunkler Zeit 91
Schütt, Peter (1939)
   Bethlehem 124
Sibbers, Mathilde (1920)
   Unsere Weihnachtskrippe 42

Stehmann, Siegbert (1912 – 1945)
Silvester. 155
Weihnachtsgruß 87
Storm, Theodor (1817 – 1888)
Die liebe Weihnachtszeit. 56
Knecht Ruprecht. 13
Weihnachtsabend. 138

Taube, Otto von (1879 – 1974)
Christnacht. 81
Thoma, Ludwig (1867 – 1921)
Ave Maria. 108
Die Hirten haben es erlebt 109
Neujahr bei Pastors. 156
Thylmann, Karl
Maria und ihr Kind 77
Timm, Uwe (1940)
Mitten im kalten Winter. 149
Tucholsky, Kurt (1890 – 1935)
Großstadt-Weihnachten 139

Valentin, Gerhard (1919)
Nachweihnacht. 136
Vogelweide, Walther von der (1170 – 1230)
Maria mit dem Kind 82

Weinheber, Josef (1892 – 1945)
Anbetung des Kindes 84
Wiechert, Ernst (1887 – 1950)
Advent 123
Bethlehem. 117
Die drei Könige. 29
Notizen beim Schreiben der Weihnachtspredigt 119
Nun werde hell, du dunkle Welt. 78
Wiemer, Rudolf Otto (1905)
Advent 123
Bethlehem. 117
Die drei Könige. 29
Notizen beim Schreiben der Weihnachtspredigt 119
Nun werde hell, du dunkle Welt. 78
Wildenbruch, Ernst von (1845 – 1909)
Weihnachtslegende. 44
Willms, Wilhelm
Jesus 144
Wölfel, Ursula (1922)
Geboren ist das Kind zur Nacht 52

Alphabetisches Verzeichnis der Gedichtanfänge und Überschriften

Nr.

Abendmahlslied zu Weihnachten *Jochen Klepper*	93
Abendstern und Morgenstern *Detlev Block*	30
Abermals ein neues Jahr *Friedrich von Logau*	164
Advent *Agnes Miegel*	59
Advent *Werner Finck*	137
Advent *Rudolf Otto Wiemer*	123
Alle Jahre wieder *Wilhelm Hey*	39
Als alle die Hütte verlassen hatten *Walter Bauer*	134
Als Christ *Arno Pötzsch*	115
Als ein behutsam Licht *Josef Weinheber*	84
Altes Bild *Ludwig Bäte*	96
Am Barbaratag *Martin Greif*	6
Am letzten Tag des Jahres *Annette von Droste-Hülshoff*	8
Am Tage von St. Barbara *James Krüss*	8
Am 4. Dezember *Josef Guggenmoos*	7
Am Weihnachtsbaum die Lichter brennen *Gustav Herrmann Kletke*	45
Am Weihnachtstage *Annette von Droste-Hülshoff*	106
Anbetung *Manfred Hausmann*	21
Anbetung des Kindes *Josef Weinheber*	84
Anzündet die Kerzen *Albert Bartsch*	65
Argwohn Josephs *Rainer Maria Rilke*	110
Auf! Der Tag ist angebrochen *Andreas Gryphius*	69
Auf Kinder ist die Welt nicht eingestellt *Manfred Fischer*	122
Auf einem Christbaum *Bernt von Heiseler*	66
Ausgelöscht ist alle Ferne *Siegbert Stehmann*	87
Ave Maria *Ludwig Thoma*	108
Bald mündet in schimmernde Nächte *Wilhelm Horkel*	67
Barbarazweige *Heinz Grunow*	9
Begebenheit *Arnim Juhre*	133
Bei dir im Stalle ists warm *Ernst Meister*	128
Bethlehem *Peter Schütt*	124
Bethlehem *Rudolf Otto Wiemer*	117
Blick nach Bethlehem *Wilhelm Horkel*	86
Christi Geburt *Andreas Gryphius*	69
Christkind ist da *Josef Guggenmos*	51
Christkind kam in den Winterwald *Ernst von Wildenbruch*	44
Christnacht *Otto von Taube*	81
Danach *Kurt Ihlenfeld*	101
Das Christkind *Robert Reinick*	46

182 Alphabetisches Verzeichnis der Gedichtanfänge und Überschriften

Das Jahr geht hin *Arno Pötzsch*	153
Das Jahr geht um *Annette von Droste-Hülshoff*	151
Das Jahr ward alt *Erich Kästner*	157
Das Kind Jesus *Wilhelm Willms*	144
Das Kindlein, das Maria hält *marie Feesche*	50
Das Weihnachtsbäumelein *Christian Morgenstern*	47
Da sie nun zum Stalle kamen *Paul Alverdes*	127
Denkt euch, ich habe das Christkind gesehn *Anna Ritter*	43
Den Schnee *Anton Schnack*	61
Der Dezember *Erich Kästner*	157
Der du die Welt erschaffen hast *Rudolf Alexander Schröder*	95
Der du die Zeit in Händen hast *Jochen Klepper*	170
Der Engel legte seinen Schatten tief *Heinrich Rohr*	121
Der erste Schnee weht übers Land *Agnes Miegel*	59
Der Esel, der Esel *Paula und Richard Dehmel*	14
Der goldne Baum *Albrecht Goes*	158
Der Heilige Christ *Albrecht Goes*	88
Der heilige Martin *Bert Brecht*	3
Der Hirte *Christa Reinig*	146
Der liebe Weihnachtsmann *Paula und Richard Dehmel*	14
Der Mensch war Gottes Bild *Andreas Gryphius*	72
Der Stern *Wilhelm Busch*	20
Der Sternsinger *Christine Busta*	27
Der Weihnachtsengel *Gustav Herrmann Kletke*	45
Der Weihnachtsstern *Manfred Hausmann*	31
Der Tag, vor dem der große Christ *Bert Brecht*	118
Dezembernacht *Marie Luise Kaschnitz*	125
Dezember 1942 *Peter Huchel*	131
Dich rufen wir, Sankt Nikolaus *Josef Guggenmoos*	12
Die drei Könige *Rudolf Otto Wiemer*	29
Dir fremde Stadt durchschritt ich *Theodor Storm*	138
Die Gute Nacht *Bert Brecht*	118
Die Heiligen drei Könige *unbekannt*	19
Die heiligen drei Könige aus Morgenland *Heinrich Heine*	18
Die heiligen drei Könige mit ihrem Stern *Johann Wolfgang von Goethe*	23
Die Hirten *Werner Bergengruen*	113
Die Hirten haben es erlebt *Ludwig Thoma*	109
Die Hirten sind noch unterwegs *Dietmar Schröder*	132
Die Hirtenstrophe *Peter Huchel*	130
Die Könige *Peter Cornelius*	22
Die Könige kommen gegangen *Rudolf Otto Wiemer*	29
Die liebe Weihnachtszeit *Theodor Storm*	56
Die Nacht ihrer ersten Geburt *Bert Brecht*	120
Die Nacht vor dem heiligen Abend *Robert Reinick*	46
Die neuen drei Könige *Paul Alverdes*	127
Die Sternsinger *Manfred Hausmann*	24
Die Sternsinger kommen *Friedrich Hoffmann*	32
Die Weihe der Nacht *Friedrich Hebbel*	79

Alphabetisches Verzeichnis der Gedichtanfänge und Überschriften 183

Die Weihnachtsmaus   *James Krüss* 53
Die Weisen sind gegangen   *Gerhard Valentin* 136
Dies ist die Krippe und das ist das Kind   *Mathilde Sibbers* 42
Drei Könige aus Morgenland   *Heinrich Heine*............................ 18
Drei Könige wandern aus Morgenland   *Peter Cornelius*.................... 22
Du bist gewachsen, Baum   *Bernt von Heiseler*........................... 66
Du bist zu früh gegangen   *Dagmar Beiersdorf*........................... 145
Du Kind zu dieser heiligen Zeit   *Jochen Klepper*......................... 94
Du kommst noch heute in diese Welt   *Otto von Taube*.................... 81
Du lieber heilger frommer Christ   *Ernst Moritz Arndt*..................... 33

Eia popeia, was raschelt im Stroh?   *Bert Brecht* 141
Eia popeia, was raschelt im Stroh?   *Christa Busta*....................... 126
Ein Bettler saß im kalten Schnee   *Jakob Holl* 2
Ein Kind – von einem Schiefertafel-Schwämmchen   *Joachim Ringelnatz*....... 62
Ein neues Jahr   *unbekannt* 163
Eine Streu von Stroh   *Erich Fried*...................................... 99
Ein Ort in allen vier Winden   *Rudolf Otto Wiemer*....................... 117
Einst herrscht in Myra Hungersnot   *Rolf Krenzer* 11
Endlich, die Töchterlein schlafen   *Albrecht Goes*........................ 159
Epiphanias   *Detlev Block*.. 30
Epiphaniasfest   *Johann Wolfgang von Goethe* 23
Er ist nicht mal aus Afrika   *Erika Engel*................................. 64
Er war da und hat gelebt   *Peter Frey* 100
Es begab sich aber zu der Zeit   *Arnim Juhre*............................ 133
Es blüht der Winter im Geäst   *Johannes R. Becher*....................... 60
Es ist die trübste Jahreszeit   *Werner Finck*.............................. 137
Es ist schon Feierabend gewest   *Ludwig Thoma*......................... 108
Es kam die gnadenvolle Nacht   *unbekannt*.............................. 104
Es lagen im Felde die Hirten   *Rudolf Alexander Schröder*.................. 75
Es roch so warm nach Schafen   *Werner Bergengruen*..................... 113
Es treibt der Wind   *Rainer Maria Rilke*.................................. 58
Es war im tiefen Winter   *Josef Guggenmoos*............................ 5
Euer Glanz, ihr stillen Sterne   *Albert Bartsch*............................ 154

Feldhüter haben in einem Geräteschuppen   *Marie Luise Kaschnitz* 125
Fern im Osten wird es helle   *Novalis* 71
Flucht der Heiligen Familie   *Joseph von Eichendorff*...................... 107
Flucht nach Ägypten   *Kurt Marti* 97
Fürchtet euch nicht   *Rudolf Otto Wiemer* 119

Geboren ist das Kind zur Nacht   *Ursula Wölfel* 52
Geburt Christi   *Rainer Maria Rilke*..................................... 74
Geh in den Garten   *Josef Guggenmoos*................................. 7
Gesegnet sei die heilige Nacht   *Eduard Mörike*.......................... 103
Gib unsrer Wegfahrt dein Geleit   *Arno Pötzsch* 168
Gleich hinter Weihnachten   *Albrecht Goes*.............................. 159
Großstadtweihnachten   *Kurt Tucholsky*................................. 139

184 Alphabetisches Verzeichnis der Gedichtanfänge und Überschriften

Haben wirs recht wohl erdacht   *Albrecht Goes* 158
Hättest du der Einfalt nicht   *Rainer Maria Rilke* 74
Heilige Nacht   *Andreas Gryphius* 72
Herr, mein Gott, ich kann's nicht fassen   *Arno Pötzsch* 76
Hirtenlied   *Arnim Juhre*.. 135
Hört, was wir euch singen   *Manfred Hausmann*......................... 24
Holler boller Rumpelsack 16
Holt den Sohn vom Bahnhof ab   *Rudolf Otto Wiemer*..................... 123
Hymne   *Aus dem Lateinischen von Wilhelm Horkel* 70

Ich bin der weise Balthasar   *Christina Busta*.............................. 27
Ich brach drei dürre Reiselein   *Heinz Grunow*............................. 9
Ich hab in den Weihnachtstagen   *Joachim Ringelnatz* 140
Ich kam nach Bethlehem   *Werner Laubi*................................ 98
Ich komm von weit 16
Ihr Hirten, ihr Hirten   *Rudolf Alexander Schröder*......................... 111
Ihr Kinderlein kommet   *Christoph von Schmid* 41
Im finstern Stall   *Georg Britting*... 116
Im Stalle zu B.   *Ernst Meister* 128
In deine Gnade sei es hingegeben   *Siegbert Stehmann*..................... 155
In einer Krippe ruht ein neugeboren Kind   *Annette von Droste-Hülshoff*....... 106
In Ost und West   *Aus dem Lateinischen*................................ 70
In Weihnachtszeiten   *Hermann Hesse*.................................. 63

Jahr, dein Haupt neig   *Max Mell* 90
Jahresabschluß   *Friedrich Rückert*...................................... 150
Jahreswende   *Arno Pötzsch*... 153
Ja, ich will euch tragen   *Jochen Klepper*................................. 152
Jesus   *Wilhelm Willms* 144
Jetzt   *Eva Rechlin* 148

Kaschubisches Weihnachtslied   *Werner Bergengruen* 114
Kein Sternchen mehr funkelt   *Clemens Brentano* 73
Kinder vor einem weihnachtlichen Schaufenster   *Manfred Hausmann* 64
Kinderweihnacht   *Ernst Moritz Arndt* 32
Klopf, klopf, klopf   *unbekannt* 17
Knecht Ruprecht   *Theodor Storm* 13
Könige und Hirten   *Georg Britting* 116

Länger fallen schon die Schatten   *Joseph von Eichendorff* 107
Laßt die Tore nun verschließen... 80
Leise rieselt der Schnee   *Eduard Ebel* 40
Leute kommt zu mir ans Feuer   *Christa Reinig*........................... 146
Lieber guter Nikolaus 16
Lieber, heiliger Nikolaus   *unbekannt*.................................... 10
Liegt reiner Schnee   *Detlev Block* 169

Mahnung zum Advent   *Lotte Denkhaus*................................ 68

Alphabetisches Verzeichnis der Gedichtanfänge und Überschriften 185

Mama schöpft aus dem Punschgefäße *Ludwig Thoma*	156
Maria *Bert Brecht.*	120
Maria, nun sage mir gleich *Rudolf Alexander Schröder*	92
Maria mit dem Kind *Walther von der Vogelweide*	82
Maria spricht kein einziges Wort *Kurt Ihlenfeld*	101
Maria und ihr Kind *Karl Thylmann.*	77
Maria war zu Bethlehem *Matthias Claudius*	105
Maria, wieg das Jesuskind *Ludwig Bäte*	96
Marien Antwort *Rudolf Alexander Schröder*	92
Markt und Straßen stehn verlassen *Joseph von Eichendorff*	55
Martin, Martin, guter Mann *Rolf Krenzer*	4
Martinslegende *unbekannt.*	1
Mein Gott, dein hohes Fest des Lichts *Jochen Klepper*	93
Mit Beginn des Kirchenjahres *Rudolf Alexander Schröder*	95
Mit der Freude zieht der Schmerz *Johann Peter Hebel*	162
Mitten im kalten Winter *Uwe Timm*	149
Mögt ihr auch in die allerfernste Ferne *Manfred Hausmann*	31
Morgen Kinder, wird's nichts geben *Erich Kästner.*	142
Morgen Kinder, wird's was geben *Heinrich Hoffmann von Fallersleben*	38
Nacht der Hirten *Rudolf Alexander Schröder.*	75
Nachweihnacht *Gerhard Valentin*	136
Nächtliche Stille *Friedrich Hebel.*	79
Neujahr *Detlev Block.*	169
Neujahr bei Pastors *Ludwig Thoma*	156
Neujahrslied *Johann Peter Hebel*	162
Neujahrslied *Jochen Klepper*	170
Nicht Ägypten *Kurt Marti*	97
Nikolausabend *Richard Bletschacher*	15
Nikolaus, du frommer Mann	16
Nikolaussprüche	16
Noch ist Herbst nicht ganz entflohn *Theodor Fontane.*	57
Notizen beim Schreiben der Weihnachtspredigt *R. O. Wiemer*	119
Nun senkt sich wieder *Kurt Tucholsky*	139
Nun werde hell, du dunkle Welt *Rudolf Otto Wiemer*	78
Österliche Weihnacht *Peter Frey*	100
O heiliger Sankt Nikolaus *Richard Bletschacher*	15
O Jesu, was bist du lang ausgewesen *Peter Huchel.*	129
O schöne, herrliche Weihnachtszeit *Heinrich Hoffmann von Fallersleben*	37
O süße Mutter *Karl Thylmann.*	77
O Tannenbaum *Ernst Anschütz*	48
Pfefferkuchenmann *Erika Engel*	54
Ritter Martin *Josef Guggenmos*	5
Sankt Martin ritt durch Schnee und Wind *unbekannt*	1

Alphabetisches Verzeichnis der Gedichtanfänge und Überschriften

Sankt Martins Lied   *Rolf Krenzer*.   4
Sag mir   *Friedrich und Ursula Barth*   143
Sieh zu, daß deine Lampe brennt   *Lotte Denkhaus*.   68
Silvester   *Siegbert Stehmann*.   155
Silvesterlied   *Jochen Klepper*.   152
Silvesternacht   *Albert Bartsch*   154
Silvesterverse   *Detlev Block*.   160
So dunkel war die Nacht noch nicht   *Arno Pötzsch*   85
So nimm nun Abschied, greises Jahr   *Detlev Block*.   160
So ward Herr Jesus geboren   *Ludwig Thoma*   109
So war es, wenn sie träumten   *Manfred Hausmann*.   64
Sternsinger   *unbekannt*.   26
Sternsingerlied   *Werner Bergengruen*   25
Stern und Engel   *Dietrich Bonhoeffer*.   83

Trost der Welt   *Dietrich Bonhoeffer*.   83

Und der Engel sprach   *Rainer Maria Rilke*   110
Und in ähnlichen Tagen machte sich auf   *Manfred Fischer*.   122
Unsere Weihnachtskrippe   *Mathilde Sibbers*.   42

Verse zum Advent   *Theodor Fontane*   57
Vom Christkind   *Anna Ritter*.   43
Vom Himmel in die tiefsten Klüfte   *Theodor Storm*   56
Von drauß' vom Walde komm ich her   *Theodor Storm*   13
Von der Mutter ein Kleid   *Max Bolliger*.   49
Vorfreude auf Weihnachten   *Joachim Ringelnatz*.   62
Vorweihnacht   *Joachim Lehmann*.   147
Vorfreude, schönste Freude   *Erika Engel*.   35

Wärst du, Kindchen, im Kaschubenlande   *Werner Bergengruen*.   114
Was bringt der Dezember?   *Anton Schnack*.   61
Was unter dem Weihnachtsbaum liegt   *Max Bolliger*.   49
War der Herr beim Hirtenfeld   *Wilhelm Horkel*   86
Weihnacht   *Johannes R. Becher*.   60
Weihnacht   *Josef Guggenmos*.   51
Weihnacht   *Heinrich Rohr*.   121
Weihnacht   *Ernst Wiechert*.   80
Weihnachten   *Joseph von Eichendorff*.   55
Weihnachten   *Arno Pötzsch*   85
Weihnachtsabend   *Theodor Storm*   138
Weihnachtschoral   *Max Mell*   90
Weihnachtsgruß   *Siegbert Stehmann*   87
Weihnachts-Kyrie   *Jochen Klepper*.   94
Weihnachtslegende   *Ernst von Wildenbruch*.   44
Weihnachtslied   *Clemens Brentano*.   73
Weihnachtslied   *Erich Fried*.   99

Alphabetisches Verzeichnis der Gedichtanfänge und Überschriften 187

Weihnachtslied Peter Huchel	129
Weihnachtslied Werner Laubi	98
Weihnachtslied aus einer Baracke Christine Busta	126
Weihnachtslied – chemisch gereinigt Erich Kästner	142
Weihnachtslitanei Rudolf Alexander Schröder	89
Weihnachtszeit Heinrich Hoffmann von Fallersleben	37
Wenn die langen Samstage kommen Uwe Timm	149
Wenn man absieht von allem Peter Schütt	124
Wiegenlied Bert Brecht	141
Wie heimlicherweise Eduard Mörike	161
Wie Wintersgewitter ein rollender Hall Peter Huchel	131
Will das Glück nach seinem Sinn Wilhelm Busch	166
Wird's besser? Wird's schlimmer? Erich Kästner	167
Wir flehen in Tränenfluten Walther von der Vogelweide	82
Wir gingen nachts gen Bethlehem Peter Huchel	130
Wir grüßen dich Rudolf Alexander Schröder	89
Wir harren, Christ in dunkler Zeit Rudolf Alexander Schröder	91
Wir kommen daher aus dem Morgenland Maria Ferschl	28
Wir kommen daher ohn' allen Spott unbekannt	19
Wir sagen euch an, den lieben Advent Maria Ferschl	28
Wir sagen guten Abend und treten herein Werner Bergengruen	25
Wir sind die heiligen drei Könige unbekannt	26
Wir sind mit unsrer Königsmacht Manfred Hausmann	21
Wir suchen dich nicht Albrecht Goes	88
Wir treiben, Herr, im Strom der Zeit Arno Pötzsch	168
Wir waren die ersten, Herr Arnim Juhre	135
Womit hat es angefangen? Detlev Block	102
Zu Bethlehem Matthias Claudius	105
Zum neuen Jahr Eduard Mörike	161
Zum vierten Advent Wilhelm Horkel	67

Quellenverzeichnis

Wir danken den nachstehenden Verfassern und Verlagen für freundlich erteilte Abdruckerlaubnis:

Barth, Friedrich und Ursula
Nr. 143 aus: „Wann kommt der Tag?" © Peter Janssens Musik Verlag, Telgte/Westfalen
Bauer, Walter
Nr. 134 aus: „Und alle wunderten sich" © J. F. Steinkopf Verlag, Stuttgart
Becher, Johannes R.
Nr. 60 © Aufbau Verlag Berlin und Weimar
Bergengruen, Werner
Nr. 113 aus: Werner Bergengruen, „Leben eines Mannes"; Nr. 114 aus: Werner Bergengruen, „Figur und Schatten" © Arche-Verlag AG, Zürich
Block, Detlev
Nr. 30 aus: „Hinterland" © Quell-Verlag, Stuttgart; Nr. 160 und 169 aus: „So singen wir die Weihnacht an" © Strube-Verlag, München, 1989; Nr. 102 aus: „In deinen Schutz genommen" © Verlag Vandenhoeck & Ruprecht, Göttingen
Bonhoeffer, Dietrich
Nr. 83 © Chr. Kaiser Verlag, München
Bolliger, Max
Nr. 49 aus: „Weißt du, warum wir lachen und weinen?", © Verlag Ernst Kaufmann, Lahr
Brecht, Bert
Nr. 3, 118, 120, 141 aus: „Gesammelte Werke – Die Gedichte" © Suhrkamp Verlag Frankfurt am Main, 1967
Britting, Georg
Nr. 116 aus: „Gedichte 1919–1939" © by Nymphenburger Verlagshandlung in der F. A. Herbig Verlagsbuchhandlung GmbH, München
Busta, Christine
Nr. 27 aus: „Der Regenbaum" 1977; Nr. 126 aus: „Lampe und Delphin, 1966 © Otto Müller Verlag Salzburg
Claudius, Hermann
Nr. 112 aus: „Jubiläumsausgabe München 1978", Rudolf Schneider Verlag
Ferschl, Maria
Nr. 28, 34 aus: „Weihnachtssingbuch 2" © Christophorus-Verlag, Freiburg
Finck, Werner
Nr. 137 aus: „Alter Narr – was nun? Die Geschichte meiner Zeit" © F. A. Herbig Verlagsbuchhandlung, München 1972
Fischer, Manfred
Nr. 122 aus: „Niedergefahren zur Erde" © Quell-Verlag, Stuttgart
Fried, Erich
Nr. 99 © Klaus Wagenbach Verlag, Berlin
Guggenmos, Josef
Nr. 7 aus: „Ein Elefant marschiert durchs Land" © by Georg Bitter Verlag, Recklinghausen, 1968; Nr. 5, 12 und 51 Rechte beim Autor

Quellenverzeichnis

Hausmann, Manfred
Nr. 21 und 24 aus: „Jahre des Lebens" © Neukirchener Verlag, Neukirchen-Vluyn, 1974; Nr. 31 aus: Manfred Hausmann, „Nachtwache. Alte Musik Füreinander Gedichte aus den Jahren 1922-1946" © 1983 S. Fischer Verlag GmbH, Frankfurt am Main
Hesse, Hermann
Nr. 63 aus: „Die Gedichte" © Suhrkamp Verlag Frankfurt am Main 1977
Hoffmann, Friedrich
Nr. 32 © Verlag Ernst Kaufmann, Lahr
Horkel, Wilhelm
Nr. 67 und 86 Rechte beim Autor
Huchel, Peter
Nr. 129, 130 und 131 aus: „Peter Huchel, Sternenreuse" © R. Piper & Co. Verlag, München 1967
Juhre, Arnim
Nr. 133 und 135 aus: „Die Hundeflöte" © Wolfgang Fietkau Verlag, Berlin
Klepper, Jochen
Nr. 93, 94, 152 und 170 aus: „Kyrie" © Luther-Verlag, Bielefeld
Kästner, Erich
Nr. 142, 157 und 167 aus: „Gesammelte Schriften für Erwachsene" © Atrium Verlag Zürich 1969
Krenzer, Rolf
Nr. 4, 11 Rechte beim Autor
Krüss, James
Nr. 8 und 53 Rechte beim Autor
Laubi, Werner
Nr. 98 Rechte beim Autor
Marti, Kurt
Nr. 97 aus: „Geduld und Revolte — Die Gedichte am Rand" © Radius-Verlag, Stuttgart
Mell, Max
Nr. 90 © Mell Erben, Wien
Pötzsch, Arno
Nr. 76, 85, 115, 153 und 168 © Verlag Junge Gemeinde, Stuttgart
Rechlin, Eva
Nr. 148 Rechte bei der Autorin
Reinig, Christine
Nr. 146 aus: „Christine Reinig, Sämtliche Gedichte 1984 © Verlag Eremiten-Presse, Düsseldorf
Rilke, Rainer Maria
Nr. 58, 74, 110 aus: „Sämtliche Werke" © Insel-Verlag Frankfurt am Main 1955
Ringelnatz, Joachim
Nr. 62 und 140 © Henssel-Verlag, Berlin
Schröder, Rudolf Alexander
Nr. 75, 89, 91, 92, 95 und 111 aus: „Gesammelte Werke. Die Gedichte" © Suhrkamp Verlag Frankfurt am Main 1952
Sibbers, Mathilde
Nr. 42 aus: „Sei uns willkommen schöner Stern" © Verlag Ernst Kaufmann, Lahr
Thoma, Ludwig
Nr. 108, 109 und 156 © R. Piper & Co. Verlag, München 1968

Valentin, Gerhard
Nr. 136 © Burckhardthaus-Laetare Verlag, Offenbach
Weinheber, Josef
Nr. 84 aus: „Sämtliche Werke, Band II", Otto Müller Verlag, Salzburg 1972
Wiemer, Rudolf Otto
Nr. 29 aus: „Es müssen nicht Männer mit Flügeln sein" © Quell-Verlag, Stuttgart; Nr. 123 aus: Rudolf Otto Wiemer, „Ernstfall" 3. Aufl. 1989, J. F. Steinkopf-Verlag, Stuttgart; Nr. 78, 117 und 119 Rechte beim Autor
Willms, Wilhelm
Nr. 144 aus: „Werkbuch Weihnachten" © Peter Hammer Verlag mit dem Jugenddienst-Programm, Wuppertal
Wölfel, Ursula
Nr. 52 aus: „Wunderwelt 4" © Cornelsen Verlag Schwann Girardet, Düsseldorf

Leider konnten wir nicht bei allen Gedichten einen Rechtsinhaber ausfindig machen. Für Hinweise sind Herausgeber und Verlag dankbar.

Erzählbuch zur Weihnachtszeit

Für Gemeinde, Familie, Schule

Herausgegeben von Heidi Kaiser

372 Seiten mit 8 Illustrationen, gebunden
ISBN 3-7806-2150-9

Die 118 Vorlesetexte sind zum Großteil bisher unveröffentlicht und weitgehend unbekannt. Damit unterscheidet sich diese umfangreiche Anthologie deutlich von vielen anderen Sammlungen, die sich damit begnügen, altvertraute Texte im neuen Gewand erscheinen zu lassen.

Das breitgefächerte Textangebot des Buches entspricht den vielfältigen Anlässen, in denen Weihnachtsliteratur eingesetzt wird. Allen Texten gemeinsam ist das Bemühen, die Weihnachtsbotschaft sowohl jüngeren wie auch älteren Lesern in geeigneter Form zu erschließen.

Für den Umgang mit dem Buch werden viele Hilfen angeboten: Kurzkommentare stellen Inhalt und Intention der Texte vor, Angaben zu Vorlesezeiten und Einsatzmöglichkeiten erleichtern die Planung. Eine Übersicht im Anhang macht ein rasches Auffinden gesuchter Texte möglich.

Eine Weihnachtssammlung, die auch den anspruchsvollen Benutzer voll befriedigen wird.

...denn euch ist heute der Heiland geboren

Biblische Geschichten, Lieder, Verse zum Singen für Kinder, die sich auf Weihnachten freuen.

Herausgegeben von Rosemarie Deßecker
und Renate Schupp

256 Seiten, mit 4 Farbtafeln und Schwarzweißillustrationen, gebunden. ISBN 3-7806-2172-X

Dieses Buch ist ein Begleiter durch die Adventszeit für Erwachsene und Kinder. Wie ein roter Faden zieht sich der Text der biblischen Weihnachtsgeschichte durch das Buch, und unterteilt es in vier Kapitel: Verkündigung, Erwartung, Unterwegs, Heut' ist der Tag. Jedes Kapitel beginnt mit einem Abschnitt aus der Weihnachtsgeschichte, wie sie bei Lukas überliefert ist, und mit Gedanken zum jeweiligen Text, die sich an den erwachsenen Benutzer richten. Der Vorleseteil wird eingeleitet durch eine lebendige Entfaltung des biblischen Textabschnitts.
Es folgen Geschichten, Gedichte und Lieder, die zentrale Glaubensaussagen der Weihnachtsbotschaft in einfacher, lebendiger Form Kindern im Alter von sechs bis etwa zwölf Jahren vermitteln.
In einem Anhang werden Begriffe der biblischen Weihnachtsüberlieferungen und eine Erklärung zur Entstehung der Geburtsgeschichten in den verschiedenen Evangelien dargestellt, damit Kinderfragen zum biblischen Text besser erklärt werden können.